数据科学与大数据技术丛书

STATISTICAL COMPUTING
IN DATA SCIENCE

数据科学统计计算

许王莉 朱利平◎编著

中国人民大学出版社
·北京·

总 序

数据科学时代，大数据成为国家重要的基础性战略资源. 世界各国和地区先后推出大数据发展战略：美国于 2012 年发布《大数据研究和发展倡议》，2016 年发布《联邦大数据研究与开发战略计划》，不断加强大数据的研发和应用发展布局；欧盟于 2014 年发布《数据驱动经济战略》，倡导成员国尽早实施大数据战略；日本等其他发达国家相继出台推动大数据研发和应用的政策. 在我国，党的十八届五中全会明确提出 "国家大数据战略"，国务院于 2015 年 8 月印发《促进大数据发展行动纲要》，全面推进大数据的发展与应用. 2019 年 11 月，《中共中央关于坚持和完善中国特色社会主义制度、推进国家治理体系和治理能力现代化若干重大问题的决定》将 "数据" 纳入生产要素，进一步奠定了数据作为基础生产资源的重要地位.

在大数据背景下，基于数据作出科学预测与决策的理念深入人心. 无论是推进政府数据开放共享，提升社会数据资源价值，培育数字经济新产业、新业态和新模式，支持构建农业、工业、交通、教育、安防、城市管理、公共资源交易等领域的数据开发利用，还是加强数据资源整合和安全保护，都离不开大数据理论的发展、大数据方法和技术的进步以及大数据在实际应用领域的扩展. 在学科发展上，大数据促进了统计学、计算机和实际领域问题的紧密结合，催生了数据科学学科的建立和发展.

为了系统培养社会急需的具备大数据处理及分析能力的高级复合型人才，2016 年教育部首次在本科专业目录中增设 "数据科学与大数据技术". 截至 2020 年，开设数据科学与大数据技术本科专业的高校已突破 600 所. 在迅速增加的人才培养需求下，亟须梳理数据科学与大数据技术的知识体系，包括大数据处理和不确定性的数学刻画，使用并行式、分布式和能够处理大规模数据的数据科学编程语言和方法，面向数据科学的概率论与数理统计，机器学习与深度学习等各种基础模型和方法，以及在不同的大数据应用场景下生动的实践案例等.

为满足数据人才系统化培养的需要，中国人民大学统计学院联合兄弟院校，基于既往经验与当前探索组织编写了 "数据科学与大数据技术丛书"，包括《数据科学概论》《数据科学概率基础》《数据科学统计基础 (第 2 版)》《Python 机器学习：原理与实践 (第 2 版)》《数据科学实践》《数据科学统计计算》《数据科学并行计算》《数据科学优化方法》《深度学习：基于 PyTorch 的实现》等. 该套教材努力把握数据科学的统计学与计算机基础，突出数据科学理论和方法的系统性，重视方法应用和实际案例，适用于数据科学专业的教学，也可作为数据科学从业者的参考书.

编委会

前 言

随着数据科学和信息技术快速发展，高校对统计学、数学、经济学等学科相关专业的人才培养，不仅要求学生掌握扎实的概率统计等统计理论知识，而且应具有较强的统计计算及编程能力. 随着时代的发展，高校目前的统计计算已发展为将统计计算方法和统计软件编程应用充分融合的课程，不仅要求学生掌握常用统计方法的原理以及算法，而且应掌握如何应用实际统计软件，比如 R 语言，将两者相结合，完成相应的数值模拟和应用分析. 统计计算是数理统计、计算数学和计算机科学等相关学科的结合, 是一门综合性学科. 该课程是高校统计学等专业的一门重要的课程.

统计计算是应用性很强的一门课程，在科学研究和生产实践的各个领域都有广泛的应用. 对于现实生活中的大量数据，如何通过已有的统计方法来解决实际问题，如何解决在应用中出现的计算问题，对实际工作者来说是急需解决的问题. 本书力求把统计思想、数值分析步骤以及通过 R 软件在计算机上的实现结合起来，使读者掌握用统计计算方法解决实际问题的全过程.

本书是为适应统计计算课程发展的需要，根据近年来讲授这门课的教学实践所积累的相关教学资料，参考国内外有关教材、著作、论文编写而成，主要介绍统计计算的基础内容. 第 1、2 章是关于随机数的抽样，包括连续变量、离散变量以及一维变量和多维变量。抽样方法主要包括逆变换抽样法、舍选抽样法、变换抽样法、复合抽样法、近似抽样法、条件分布法等. 第 3、4 章是关于参数估计和假设检验的数值计算. 参数估计数值验证主要包括点估计、单总体和两总体的置信区间估计，数值验证所提统计方法是否和数值结论一致. 假设检验数值验证主要包括参数检验、单样本的拟合优度检验、两样本的非参数检验以及独立性检验, 掌握假设检验中检验功效的计算以及比较不同检验方法的有效性. 第 5 章是关于降低方差的统计方法. 通过估计定积分的随机投点法和平均值估计法的示例，说明两种方法都是无偏估计，但是方差不一样. 通过引入对偶变量、控制变量法、条件期望法、重要抽样法、分层抽样法以及随机数重复使用，说明不同方法降低方差的思路，并研究其统计性质. 第 6、7、8 章是统计计算前沿方法，包括重抽样方法、EM 算法以及 MCMC 方法. 重抽样方法主要讲解 Bootstrap 估计和 Jackknife 估计，通过这两种方法分别估计估计量的偏差和标准差. EM

算法首先讲解了 EM 算法的步骤和原理，然后通过几个特殊分布参数的 EM 算法以及混合模型的 EM 算法说明 EM 算法的应用. MCMC 方法主要说明如何产生平稳分布 Markov 链的理论. 对于常见的产生平稳分布 Markov 链的方法，Metropolis-Hastings 抽样方法和 Gibbs 抽样进行了详细说明.

作为一本本科生教材，为适应更广泛的读者，本书既包括统计计算比较基础的随机数的抽样内容，又包括比较前沿的统计算法，比如 EM 算法、MCMC 方法以及 Bootstrap 方法. 为了方便读者学习，我们在每个知识点都配有例题以及 R 程序实现算法，以利于培养学生应用统计方法解决实际问题的能力. 本书为课程学时为 60 ~ 80 学时的统计计算课程教材. 在编写本书的过程中，作者力求内容充实，并通过举例等方法解释各个知识点的统计思想，使本书通俗易懂、深入浅出，并便于自学. 本书对于统计、数学、经济、计算等领域的实际工作者也是一本很适用的参考书.

本书的编写得到王晓军教授、尹建鑫副教授等许多同仁的鼓励、支持和帮助. 刘佳敏、张建强、欧阳妍妍、陈灿贻、陈泽、王思懿、邱涛、朱正天、石佳鑫各位同学为本书校对做了很多工作，在此谨表衷心谢意! 同时也要感谢中国人民大学和统计学院对本书的经费支持，使笔者有机会在教学实践中完成本书的写作. 感谢中国人民大学出版社王伟娟女士为本书的顺利出版所做的大量工作.

由于编者水平所限，书中的缺点错误在所难免，敬请读者批评指正.

目　录

第 1 章 一维非均匀随机数的产生

本章主要介绍一维情况下非均匀随机数的产生方法. 首先给出随机数的定义.

定义 1.0.1 设随机变量 X 的分布函数为 $F(x)$, 从分布函数 $F(x)$ 中随机抽样得到的序列 $\{x_i, i=1,2,\cdots\}$ 称为该分布的随机数序列, x_i 称为该分布的随机数.

1.1 常用连续非均匀随机数的产生

本节主要介绍产生连续非均匀随机数的几种常用方法.

1.1.1 逆变换抽样法

定理 1.1.1 设连续型随机变量 η 的分布函数 $F(x)$ 是连续且严格单调上升的分布函数, 其反函数存在且记为 $F^{-1}(x)$. 则有

(1) 随机变量 $F(\eta)$ 服从 $(0,1)$ 上的均匀分布, 即 $F(\eta) \sim U(0,1)$;

(2) 对于随机变量 $U \sim U(0,1)$, $F^{-1}(U)$ 的分布函数为 $F(x)$.

证明 设随机变量 $F(\eta)$ 的分布函数为 $G(u) = P(F(\eta) \leqslant u)$. 根据分布函数的性质 $F(x) \in [0,1]$, 可得当 $u \in [0,1]$ 时, $G(u) = P(\eta \leqslant F^{-1}(u)) = F(F^{-1}(u)) = u$; 当 $u \in (-\infty, 0)$ 时, $G(u) = P(F(\eta) \leqslant u) = 0$; 当 $u \in (1, \infty)$ 时, $G(u) = P(F(\eta) \leqslant u) = 1$. 因此, 随机变量 $F(\eta)$ 服从 $U(0,1)$.

设随机变量 $F^{-1}(U)$ 的分布函数为 $H(x)$, 则

$$H(x) = P(F^{-1}(U) \leqslant x) = P(U \leqslant F(x))$$

因为 $U \sim U(0,1)$, 对任意 $F(x) \in [0,1]$, 有

$$P(U \leqslant F(x)) = F(x)$$

因此, $F^{-1}(U)$ 的分布函数为 $F(x)$, 定理 1.1.1 得证.

对于任意的分布函数 $G(x)$ 和 $F(x)$, 根据定理 1.1.1 可得如下推论.

推论 1.1.1 已知连续型随机变量 $\xi \sim G(x)$, 如果 η 的分布函数 $F(x)$ 的反函数存在, 则随机变量 $F^{-1}(G(\xi)) \sim F(x)$.

证明 根据定理 1.1.1 结论 1, 如果 $\xi \sim G(x)$, 则 $G(\xi) \sim U(0,1)$. 根据定理 1.1.1 结论 2, $F^{-1}(G(\xi)) \sim F(x)$.

由推论 1.1.1 可知, 当随机变量 η 的分布函数 $F(x)$ 的反函数存在, 可通过任意容易得到的随机数 ξ 来产生 η 的随机数序列. 由定理 1.1.1 可知, 当随机变量 η 的分布函数 $F(x)$ 的反函数存在, 且容易计算时, 可通过产生均匀分布的随机数来产生 η 的随机数序列 $\{\eta_i, i=1,2,\cdots\}$. 这种产生非均匀分布随机数的方法称为逆变换法或反函数法. 利用逆变换法产生随机数 η 的步骤概括如下:

(1) 产生 $U(0,1)$ 的随机数序列 $\{u_i, i=1,2,\cdots\}$;

(2) η 的随机数序列为

$$\eta_i = F^{-1}(u_i), \quad i=1,2,\cdots \tag{1.1.1}$$

式 (1.1.1) 称为逆变换法的抽样公式.

▶ **例 1.1.1** 产生概率密度函数为 $f(x)$ 的随机数, 其中

$$f(x) = \begin{cases} \dfrac{x}{\sigma^2} e^{-\frac{x^2}{2\sigma^2}}, & x > 0 \\ 0, & x \leqslant 0 \end{cases}$$

解 设随机变量 η 具有概率密度函数 $f(x)$, 简单计算可得其概率分布函数为

$$F(x) = \begin{cases} 1 - e^{-\frac{x^2}{2\sigma^2}}, & x > 0 \\ 0, & x \leqslant 0 \end{cases}$$

其反函数为

$$F^{-1}(u) = \sqrt{-2\sigma^2 \log(1-u)}, \quad 0 < u < 1$$

根据定理 1.1.1, 首先产生均匀分布随机数 $\{u_i, i=1,2,\cdots\}$, 随机变量 η 的随机数可根据下式产生:

$$\eta_i = \sqrt{-2\sigma^2 \log(1-u_i)}, \quad i=1,2,\cdots$$

设置 $\sigma = 1$, 产生随机数 η_i 的 R 程序如下:

```
set.seed(1)
n = 10000 #确定产生随机数的个数
sigma=1 #确定sigma
r = matrix(runif(n),n,1) #产生[0,1]上的均匀分布随机数
x =sqrt(-2*sigma^2*log(1-r)) #代入抽样公式
x0=seq(0,4,0.01)
fx=x0/(sigma^2)*exp(-x0^2/(2*sigma^2)) #概率密度函数
hist(x,20,freq=F) #查看随机数分布情况
lines(x0,fx,'l') #查看频率直方图和概率密度函数是否吻合
```

▶ **例 1.1.2** 产生分布函数为 $F(x)$ 的随机数 η, 其中

$$F(x) = \frac{x^2 + x}{2}, \quad 0 \leqslant x \leqslant 1$$

解　根据 $F(x)$ 的定义知, 其反函数为

$$F^{-1}(u)=\frac{-1+\sqrt{(1+8u)}}{2},\quad 0<u<1$$

根据定理 1.1.1, 随机数 η_i 的抽样公式为

$$\eta_i=\frac{-1+\sqrt{(1+8u_i)}}{2},\quad i=1,2,\cdots$$

产生随机数 η_i 的 R 程序如下:

```
set.seed(1)
n = 10000 #确定产生随机数的个数
r = matrix(runif(n),n,1) #产生[0,1]上的均匀分布随机数
x =(-1+sqrt((1+8*r)))/2 #代入抽样公式
x0=seq(0,1,0.001)
fx=x0+0.5 #概率密度函数
hist(x,20,freq=F) #随机数分布情况
lines(x0,fx,'l') #频率直方图和概率密度函数是否吻合
index=((matrix(1,length(x0),1)%*%t(x))<=x0%*%matrix(1,1,n))
Fx=rowMeans(index) #计算累积频率
Fx0=(x0^2+x0)/2 #理论分布函数

#累积频率和理论分布函数是否吻合
plot(x0,Fx,'l')
lines(x0,Fx0,'l',col='red')
```

逆变换法是一个常用的方法, 对于连续型随机变量, 要应用逆变换法, 首先必须求得其分布函数的反函数 $F^{-1}(x)$. 但是有些分布函数的反函数不能用初等函数表出, 如正态分布和 Gamma 分布等, 故随机数抽样公式也不能精确表出.

1.1.2　舍选抽样法

为了介绍舍选抽样法, 首先给出如下定理.

定理 1.1.2　设 $f(\cdot)$, $g(\cdot)$ 分别为概率密度函数, $h(\cdot)$ 为给定函数 (不要求是密度函数). 如果按下列步骤生成随机数 η:

(1) 独立生成 $X\sim f(x)$ 和 $Y\sim g(y)$;

(2) 如果 X,Y 满足 $Y\leqslant h(X)$ 时, 令 $\eta=X$, 并输出 η, 否则返回上一步.

令 $G(y)$ 为随机变量 Y 的分布函数, 则 η 的概率密度函数为

$$p(z)=\frac{f(z)G(h(z))}{\displaystyle\int_{-\infty}^{+\infty}f(y)G(h(y))\mathrm{d}y}\tag{1.1.2}$$

证明　由抽样步骤, 随机变量 η 的分布函数为

$$
\begin{aligned}
&P(\eta \leqslant z)\\
&=P\{X \leqslant z | Y \leqslant h(X)\}=\frac{P\{X \leqslant z, Y \leqslant h(X)\}}{P\{Y \leqslant h(X)\}}\\
&=\frac{\displaystyle\int_{-\infty}^{z} \int_{-\infty}^{h(x)} f(x) g(y) \mathrm{d} y \mathrm{d} x}{\displaystyle\int_{-\infty}^{\infty} \int_{-\infty}^{h(z)} f(x) g(y) \mathrm{d} y \mathrm{d} x}=\frac{\displaystyle\int_{-\infty}^{z} f(x) G(h(x)) \mathrm{d} x}{\displaystyle\int_{-\infty}^{\infty} f(x) G(h(x)) \mathrm{d} x}
\end{aligned}
$$

因此 η 的密度函数为

$$
p(z)=\frac{f(z) G(h(z))}{\displaystyle\int_{-\infty}^{\infty} f(x) G(h(x)) \mathrm{d} x}
$$

定理 1.1.2 得证.

由定理 1.1.2 可知, $p(z)$ 的分母与 z, x 无关, 可以将其视为常数 $1/C$. 因此, 按照上述方法产生的随机数, 具有形式为 $C f(z) G(h(z))$ 的密度函数, 这种生成随机数的方法称为舍选抽样法. 由定理 1.1.2, 当随机变量 η 的概率密度函数 $p(z)$ 具有复杂的形式且反函数也很难有显式表达式时, 可以借助形式较简单的 $f(x)$ 和 $g(y)$ 产生 X 和 Y 的随机数, 当它们满足定理中 $Y \leqslant h(X)$ 条件时, 可以得到随机变量 η 的随机数. 下面的推论给出了 $f(x)$, $g(y)$ 和 $h(z)$ 具体形式下的结论.

推论 1.1.2 设随机变量 η 的概率密度函数 $p(z) \leqslant M(z)$, 且 $\displaystyle\int_{-\infty}^{\infty} M(z) \mathrm{d} z=C<\infty$. 令概率密度函数 $f(x)=M(x)/C$ 且 $g(y)$ 是 $U(0,1)$ 的概率密度函数, 如果按以下方法生成随机变量 η:

(1) 独立生成 $X \sim f(x)$ 和 $Y \sim U(0,1)$;

(2) 直到 X, Y 满足 $Y \leqslant p(X)/M(X)$ 时, 令 $\eta=X$, 并输出 η.

则 η 的概率密度函数为 $p(z)$.

证明 由定理 1.1.2 可知, 按照上述抽样过程产生的随机数具有概率密度函数

$$
p(z)=\frac{f(z) G(h(z))}{\displaystyle\int_{-\infty}^{\infty} f(y) G(h(y)) \mathrm{d} y}=\frac{\dfrac{M(z)}{C} \dfrac{p(z)}{M(z)}}{\displaystyle\int_{-\infty}^{\infty} \dfrac{M(x)}{C} \dfrac{p(x)}{M(x)} \mathrm{d} x}
$$

推论 1.1.2 得证.

推论 1.1.2 中的抽样过程循环产生随机数对 (X, Y), 直到数对 (X, Y) 满足 $Y \leqslant p(X)/M(X)$ 时停止, 此时令 $\eta=X$. 根据推论 1.1.2, 函数 $M(\cdot)$ 需要满足 $p(x) \leqslant M(x)$(对一切 x), 且概率密度函数 $f(x)=M(x)/C$ 的随机数容易生成. 下面的推论说明, 当 η 是有限区间 (a, b) 上的随机变量, 密度函数具有最大值 M, 此时 M 只需满足 $\displaystyle\int_{a}^{b} M \mathrm{d} x<\infty$, 可以将 $f(x)$ 取为 (a, b) 上均匀分布的密度函数.

推论 1.1.3 设随机变量 η 在有限区间 (a, b) 上取值, 具有概率密度函数 $p(z)$ 且 $\sup\limits_{z \in(a, b)} p(z)=M<\infty$. 按下列方法生成随机变量 η:

(1) 独立生成 $X \sim U(a, b)$ 和 $Y \sim U(0,1)$;

(2) 直到 X, Y 满足 $Y \leqslant p(X)/M$ 时, 令 $\eta = X$, 并输出 η.

则 η 的概率密度函数为 $p(z)$.

证明　令 $I(\cdot)$ 为示性函数, 取

$$M(x) = M \cdot I(x \in (a,b)), \quad 即 \quad \int_{-\infty}^{\infty} M(x)\mathrm{d}x = (b-a)M$$

根据推论 1.1.2, 有

$$f(x) = (b-a)^{-1} I(x \in (a,b))$$

即 $U(a,b)$ 的概率密度函数. 且当 $X \sim U(a,b)$ 时, $p(X)/M(X) = p(X)/M$. 因此, 当随机变量在有限空间上取值, 且密度函数的最大值是有限值, 按照上述舍选抽样法抽得的随机数具有概率密度函数 $p(z)$. $\mathrm{Beta}(\alpha,\beta)$ 是常见的有限区间上的分布之一. 下面以 $\mathrm{Beta}(\alpha,\beta)$ 为例, 介绍有限区间上非均匀随机数的舍选抽样法.

▶ **例 1.1.3**　产生分布为 $\mathrm{Beta}(\alpha,\beta)$ 的随机数.

解　设随机变量 $\eta \sim \mathrm{Beta}(\alpha,\beta)$, 概率密度函数为

$$p(z) = \frac{\Gamma(\alpha+\beta)}{\Gamma(\alpha)\Gamma(\beta)} z^{\alpha-1}(1-z)^{\beta-1}, \quad 0 < z < 1$$

其中, $\Gamma(\cdot)$ 为伽马函数. 根据 Beta 分布的性质, 该分布的众数为 $(\alpha-1)/(\alpha+\beta-2)$. 因此, $\mathrm{Beta}(\alpha,\beta)$ 的概率密度函数在 $(\alpha-1)/(\alpha+\beta-2)$ 处取得最大值 M:

$$M = \frac{\Gamma(\alpha+\beta)}{\Gamma(\alpha)\Gamma(\beta)} \left(\frac{\alpha-1}{\alpha+\beta-2}\right)^{\alpha-1} \left(1 - \frac{\alpha-1}{\alpha+\beta-2}\right)^{\beta-1}$$

η 是区间 $(0,1)$ 上的随机变量, 所以取 $f(x)$ 为 $U(0,1)$ 的概率密度函数. 舍选抽样法产生 $\mathrm{Beta}(\alpha,\beta)$ 随机数的步骤如下:

(1) 独立生成 $X \sim U(0,1)$ 和 $Y \sim U(0,1)$;

(2) 直到 X, Y 满足 $Y \leqslant p(X)/M$ 时, 令 $\eta = X$, 并输出 η.

设置 $\alpha = 3, \beta = 2$, 产生随机数 η_i 的程序如下:

```
set.seed(1)
func_h = function(x,alpha, beta){ #编写h(x)函数
if(alpha == 1 || beta == 1){
print("ERROR_PARAMETER") #当alpha=1或beta=1 时该抽样不适用
}
else ((alpha+beta-2)^(alpha+beta-2)*(x/(alpha-1))^(alpha-1)
*((1-x)/(beta-1))^(beta-1))}
n = 1000 #确定产生随机数的个数
m = 0 #记录产生的舍选随机数个数
i = 0
alpha = 3
beta = 2 #确定参数数值
z = c()
repeat{
m = m+1
```

```
x = runif(1)
y = runif(1) #生成[0,1]上的均匀分布随机数
ay = func_h(x,alpha,beta) #计算舍选条件
if (y<=ay){ #进行舍选检验
z = c(z,x)
i = i+1}
if (i == n) break}
x0=seq(0,1,0.001)
fx=dbeta(x0,alpha,beta) #概率密度函数
hist(z,30,freq=F) #查看随机数分布
lines(x0,fx,'l',col='red') #频率直方图和概率密度函数
```

按照上述抽样方法, 随机变量 η 只能在有限空间上取值, 且概率密度函数 $p(z)$ 有界. 但是很多情况下随机变量可能在无穷区间上取值, 例如指数分布、Gamma 分布、正态分布等. 此时, 很难取到常函数 M 使得 $\int_{-\infty}^{\infty} M(x)\mathrm{d}x < \infty$. 因此, 当随机变量 η 在无穷区间上取值时, 有界函数 $M(x)$ 和概率密度函数 $f(x)$ 的确定比较困难. 下面的推论给出可以用于无穷区间的舍选抽样法.

推论 1.1.4 设随机变量 η 的概率密度函数 $p(z)$ 可表示为

$$p(z) = Lh(z)f(z)$$

其中, $L > 1$, $0 \leqslant h(z) \leqslant 1$, $f(z)$ 为概率密度函数, 按下列方法生成随机变量 η:

(1) 独立生成 $X \sim f(x)$ 和 $Y \sim U(0,1)$;

(2) 直到 X, Y 满足 $Y \leqslant h(X)$ 时, 令 $\eta = X$, 并输出 η.

则 η 的概率密度函数为 $p(z)$.

证明 根据定理 1.1.2, 步骤 1 和 2 产生的 η 的概率密度函数为

$$p(z) = \frac{f(z)h(z)}{\displaystyle\int_{-\infty}^{\infty} f(x)h(x)\mathrm{d}x} = Lf(z)h(z)$$

其中, $L = \left(\int_{-\infty}^{\infty} f(x)h(x)\mathrm{d}x\right)^{-1}$.

▶ **例 1.1.4** 试用舍选抽样法产生服从均值为 0, 方差为 1 的半正态分布的随机数 η, 该分布的概率密度函数为

$$p(z) = \begin{cases} \sqrt{2/\pi}e^{-\frac{z^2}{2}}, & z \geqslant 0 \\ 0, & z < 0 \end{cases}$$

解 对 $p(z)$ 进行恒等变换, 有

$$p(z) = \sqrt{\frac{2e}{\pi}}e^{-\frac{(z-1)^2}{2}}e^{-z}$$

根据推论 1.1.4, 令 $L = \sqrt{2e/\pi}$, $h(x) = e^{-\frac{(x-1)^2}{2}}$, 容易验证 $0 \leqslant h(x) \leqslant 1$. 取 $f(x) = e^{-x}(x > 0)$, $f(x)$ 为参数为 1 的指数分布对应的概率密度函数. 由舍选抽样法产生随机数的

过程如下:

(1) 独立生成 $X \sim \text{Exp}(1)$ 和 $Y \sim U(0,1)$;

(2) 直到 X, Y 满足 $Y \leqslant e^{-(X-1)^2/2}$ 时, 令 $\eta = X$, 并输出 η.

产生随机数 η_i 的 R 程序如下:

```
set.seed(1)
n = 10000 #确定产生随机数的个数
m = 0     #记录产生的舍选随机数个数
i = 0
z = c()
repeat{
m = m+1
x = rexp(1,1)
y = runif(1) #生成[0,1]上的均匀分布随机数
ay = exp(-(x-1)^2/2) #计算舍选条件
if (y<=ay){ #进行舍选检验
z = c(z,x)
i = i+1}
if (i == n) break}
x0=seq(0,max(z),0.01)
fx=sqrt(2/pi)*exp(-x0^2/2) #概率密度函数
hist(z,20,freq=F) #随机数分布
lines(x0,fx,'l',col='red') #概率密度函数
```

▶ **例 1.1.5**　产生分布为 $\text{Gamma}(\alpha, 1)$ 的随机数, 其中 $\alpha > 1$.

解　设随机变量 $\eta \sim \text{Gamma}(\alpha, 1)$, 则概率密度函数为

$$p(z) = \frac{1}{\varGamma(\alpha)} z^{\alpha-1} e^{-z}, \quad z > 0$$

对 $p(z)$ 进行恒等变换

$$p(z) = \frac{\alpha^\alpha}{\varGamma(\alpha) e^{\alpha-1}} \frac{e^{\alpha-1}}{\alpha^\alpha} z^{\alpha-1} e^{-\frac{\alpha-1}{\alpha} z} e^{-\frac{1}{\alpha} z}$$

根据推论 1.1.4, 令 $L = \alpha^\alpha / \{\varGamma(\alpha) e^{\alpha-1}\}$, $h(x) = e^{\alpha-1}(x/\alpha)^{\alpha-1} e^{-\frac{\alpha-1}{\alpha} x}$, 容易验证 $0 \leqslant h(x) \leqslant 1$. 取 $f(x) = e^{-\frac{x}{\alpha}}/\alpha$, 即参数为 $1/\alpha$ 的指数分布的概率密度函数. 由舍选抽样法产生随机数的过程如下:

(1) 独立生成 $X \sim \text{Exp}(1/\alpha)$ 和 $Y \sim U(0,1)$;

(2) 直到 X, Y 满足 $Y \leqslant h(X)$ 时, 令 $\eta = X$, 并输出 η.

设置 $\alpha = 3$, 产生随机数 η_i 的代码如下:

```
set.seed(1)
func_h = function(x,alpha){ #编写h(x)函数
if(alpha < 1 ){
print("ERROR_PARAMETER") #当alpha<1时该抽样不适用
}
```

```
else (exp(alpha-1)/(alpha^(alpha-1))*x^(alpha-1)
*exp(-(alpha-1)/alpha*x))}
n = 1000 #确定产生随机数的个数
m = 0 #记录产生的舍选随机数个数
i = 0
alpha = 3 #确定参数数值
z = c()
repeat{
m = m+1
x = rexp(1,1/alpha)
y = runif(1) #生成[0,1]上的均匀分布随机数
ay = func_h(x,alpha) #计算舍选条件
if (y<=ay){ #进行舍选检验
z = c(z,x)
i = i+1}
if (i == n) break}
x0=seq(0,max(z),0.01)
fx=dgamma(x0,alpha,1) #概率密度函数
hist(z,30,freq=F) #随机数分布
lines(x0,fx,'l',col='red') #概率密度函数
```

在本例中, Gamma 分布的尺度参数简单地设定为 1. 事实上, 对于任意的尺度参数 γ 也可以按照上述的舍选抽样法来产生相应的随机数. 这是因为如果随机变量 $\eta \sim \text{Gamma}(\alpha, 1)$, 则随机变量 $\eta/\gamma \sim \text{Gamma}(\alpha, \gamma)$. 因此, 可以先产生 $\text{Gamma}(\alpha, 1)$ 的随机数, 再做线性变换得 $\text{Gamma}(\alpha, \gamma)$ 的随机数. 注意到本例中, 限制 Gamma 分布的形状参数 $\alpha > 1$. 当 $0 < \alpha < 1$ 时, 上述关于 $L, h(x)$ 的选取就不再满足条件. 此时, 可采用下面的变换抽样法.

1.1.3 变换抽样法

如果随机变量 η 不容易抽样, 但是存在另一个容易抽样的随机变量 ξ 和随机变量 η 间具有一一对应关系, 即 $\eta = h(\xi)$ 或 $\xi = h^{-1}(\eta)$, 那么可以先产生随机变量 ξ, 再由函数关系 $h(\cdot)$ 得到随机变量 η, 这种产生随机数的方法称为变换抽样法. 下面的定理说明变换抽样法得到随机数的密度函数.

定理 1.1.3 设随机变量 ξ 具有概率密度函数 $f(x)$, 另有一函数 $h(z)$ 严格单调, 其反函数记为 $h^{-1}(z)$ 且导函数存在, 则 $\eta = h(\xi)$ 是随机变量 ξ 的函数, 其概率密度函数为

$$p(z) = f(h^{-1}(z)) \cdot |(h^{-1}(z))'| \tag{1.1.3}$$

证明 首先求随机变量 η 的分布函数

$$\begin{aligned}P(\eta \leqslant z) &= P(h(\xi) \leqslant z) = P(\xi \leqslant h^{-1}(z)) \\ &= \int_{-\infty}^{h^{-1}(z)} f(x)\mathrm{d}x = \int_{-\infty}^{z} f(h^{-1}(y)) \cdot |(h^{-1}(y))'|\mathrm{d}y\end{aligned}$$

求导得随机变量 η 的概率密度函数为式 (1.1.3), 定理 1.1.3 得证.

▶ **例 1.1.6**　用变换抽样法产生分布为 $N(\mu,\sigma^2)$ 的随机数.

解　由正态分布的性质可知, 若 $\xi \sim N(0,1)$, 则 $\eta = \mu + \sigma \cdot \xi \sim N(\mu,\sigma^2)$. 因此, 随机变量 η 与 ξ 间的函数关系为

$$\eta = h(\xi) = \mu + \sigma \cdot \xi \tag{1.1.4}$$

因此, 只需产生标准正态分布的随机数, 代入式 (1.1.4) 可得 $N(\mu,\sigma^2)$ 的随机数.

设置 $\mu = 0.6$, $\sigma = 1.5$, 产生随机数 η_i 的代码如下:

```
set.seed(1)
n = 10000 #确定产生随机数的个数
mu=0.6
sigma=1.5
xi = rnorm(n,0,1)
eta = mu + sigma*xi
#随机数分布情况
hist(eta,30,freq=F)
#频率直方图和概率密度函数
x0=seq(min(eta),max(eta),0.01)
lines(x0,dnorm(x0,mu,sigma),'l',col='red')
```

▶ **例 1.1.7**　用变换抽样法产生分布为 Gamma(1/2, 3) 的随机数.

解　由 Gamma 分布的性质可知, 若 $\xi \sim \text{Gamma}(\alpha,\gamma)$, 则 $\eta = \xi/a \sim \text{Gamma}(\alpha, a\gamma)$. 对于本例, 取 $\alpha = 1/2$, $\gamma = 1/2$ 和 $a = 6$, 则随机变量 η 与 ξ 间的函数关系为

$$\eta = h_1(\xi) = \xi/6 \tag{1.1.5}$$

其中, 随机变量 $\xi \sim \text{Gamma}(1/2, 1/2)$, 即 ξ 服从自由度为 1 的卡方分布. 由卡方分布的定义知, 若随机变量 $\zeta \sim N(0,1)$, 则随机变量 $\xi = \zeta^2 \sim \chi^2(1)$. 随机变量 ξ 与 ζ 间的函数关系为

$$\xi = h_2(\zeta) = \zeta^2 \tag{1.1.6}$$

因此, 首先产生 $N(0,1)$ 的随机数, 代入式 (1.1.6) 可得 $\chi^2(1)$ 的随机数, 进而由式 (1.1.5) 得 Gamma(1/2, 3) 的随机数. 产生随机数 η_i 的代码如下:

```
set.seed(1)
n = 100000 #确定产生随机数的个数
alpha=1/2
gamma=3
a=gamma/0.5
zeta = rnorm(n,0,1)
xi = zeta^2
eta=xi/a
hist(eta,30,freq=F) # 随机数分布
```

```
#概率密度函数
x0=seq(min(eta),max(eta),0.01)
lines(x0,dgamma(x0,alpha,gamma),'l',col='red')
```

定理 1.1.3 给出了一维随机变量的函数的分布. 对于多维随机向量的函数, 设随机向量 $(\xi_1,\xi_2,\cdots,\xi_n)$ 具有概率密度函数 $f(x_1,x_2,\cdots,x_n)$, 则 $\eta=g(\xi_1,\xi_2,\cdots,\xi_n)$ 的分布函数为

$$P(\eta\leqslant y)=\int\cdots\int_{g(x_1,x_2,\cdots,x_n)\leqslant y} f(x_1,x_2,\cdots,x_n)\mathrm{d}x_1\mathrm{d}x_2\cdots\mathrm{d}x_n \tag{1.1.7}$$

常见的 n 维变换有

$$\begin{aligned}
&\eta_1=\xi_1+\xi_2+\cdots+\xi_n\\
&\eta_2=\xi_1^2+\xi_2^2+\cdots+\xi_n^2\\
&\eta_3=\max(\xi_1,\xi_2,\cdots,\xi_n)\\
&\eta_4=\min(\xi_1,\xi_2,\cdots,\xi_n)
\end{aligned}$$

在下面的例子中, 证明若 n 个随机变量独立同分布于标准正态分布, 则由它们的平方和构成的新的随机变量服从自由度为 n 的卡方分布, 即 $\chi^2(n)$.

▶ **例 1.1.8** 若 n 个随机变量 $\xi_1,\xi_2,\cdots,\xi_n$ 独立同分布于标准正态分布, 则 $\eta=\sum_{i=1}^{n}\xi_i^2\sim\chi^2(n)$, 其概率密度函数为

$$f(x)=\frac{1}{2^{n/2}\Gamma(n/2)}x^{n/2-1}e^{-x/2},\quad x>0 \tag{1.1.8}$$

并用变换抽样法产生 $\chi^2(n)$ 的随机数.

解 首先证明若 $\xi_1\sim N(0,1)$, 则 $\xi_1^2\sim\chi^2(1)$. 随机变量 ξ_1 的概率密度函数为

$$p(x)=\frac{1}{\sqrt{2\pi}}e^{-x^2/2}$$

随机变量 ξ_1^2 的分布函数为

$$\begin{aligned}
P(\xi_1^2\leqslant y)&=P(-\sqrt{y}\leqslant\xi_1\leqslant\sqrt{y})\\
&=\int_{-\sqrt{y}}^{\sqrt{y}}\frac{1}{\sqrt{2\pi}}e^{-x^2/2}\mathrm{d}x=\frac{2}{\sqrt{2\pi}}\int_0^{\sqrt{y}}e^{-x^2/2}\mathrm{d}x\\
&=\frac{1}{\sqrt{2\pi}}\int_0^{y}e^{-u/2}u^{-1/2}\mathrm{d}u, y>0
\end{aligned}$$

求导, 得随机变量 ξ_1^2 的概率密度函数为

$$f_1(y)=\frac{1}{\sqrt{2\pi}}y^{-1/2}e^{-y/2}, y>0 \tag{1.1.9}$$

因此, 式 (1.1.9) 为 Gamma(1/2, 1/2) 的概率密度函数. 类似地, 有 $\xi_i^2\overset{\text{i.i.d}}{\sim}\text{Gamma}(1/2,1/2)$ ($\overset{\text{i.i.d}}{\sim}$ 表示独立同分布). 由 Gamma 分布的可加性, 可知

$$\eta\sim\text{Gamma}(n/2,1/2)=\chi^2(n)$$

因此, 首先产生 n 个标准正态分布的随机数, 取它们的平方和即可得到 $\chi^2(n)$ 的随机数.

设置 $n=4$, 产生随机数 η_i 的代码如下:

```
set.seed(1)
n = 10000 #确定产生随机数的个数
m=4 #确定卡方分布的自由度(产生标准正态随机数的个数)
eta=NULL
for (i in 1:n){
x=rnorm(m,0,1)
eta[i]=sum(x^2) #平方和为自由度为m的卡方分布的随机数
}
hist(eta,30,freq=F) #随机数分布
x0=seq(min(eta),max(eta),0.01)
lines(x0,dchisq(x0,m),'l',col='red') #概率密度函数
```

定理 1.1.4　设随机向量 (ξ_1,ξ_2) 的联合概率密度函数为 $f(x_1,x_2)$, 令 $\eta=g(\xi_1,\xi_2)$ 且存在唯一的反变换 $h(\cdot,\cdot)$, 其一阶偏导数存在. 则随机变量 η 的概率密度函数为

$$p(y)=\left|\frac{\partial h}{\partial y}\right|\int_{-\infty}^{\infty}f(h(y,z),z)\mathrm{d}z \tag{1.1.10}$$

证明　令 $\begin{cases}\eta=g(\xi_1,\xi_2)\\ \zeta=\xi_2\end{cases}$ 得 $\begin{cases}\xi_1=h(\eta,\zeta)\\ \xi_2=\zeta\end{cases}$, 雅可比行列式为

$$J=\begin{vmatrix}\dfrac{\partial h}{\partial \eta} & \dfrac{\partial h}{\partial \zeta}\\ 0 & 1\end{vmatrix}=\frac{\partial h}{\partial \eta}$$

则随机向量 (η,ζ) 的联合密度函数为

$$p(y,z)=f(h(y,z),z)\cdot|J|=f(h(y,z),z)\cdot\left|\frac{\partial h}{\partial y}\right|$$

进而可得随机变量 η 的概率密度函数为

$$p(y)=\left|\frac{\partial h}{\partial y}\right|\int_{-\infty}^{\infty}f(h(y,z),z)\mathrm{d}z$$

定理 1.1.4 得证.

设 $X_1,X_2,\cdots,X_n$ 是来自分布为 $F(x)$ 的总体的一个样本. 将该样本按大小排列为 $X_{(1)}\leqslant X_{(2)}\leqslant\cdots\leqslant X_{(n)}$, 称 $X_{(k)}$ 为该样本的第 k 个次序统计量, $X_{(1)}$ 和 $X_{(n)}$ 分别为该样本的极小值和极大值. 可见次序统计量 $X_{(k)}$ 也是 n 维样本 $X_1,X_2,\cdots,X_n$ 的函数, 下面的定理给出次序统计量的分布.

定理 1.1.5　设 $X_1,X_2,\cdots,X_n$ 独立同分布, 概率密度函数和分布函数分别为 $f(x)$ 和 $F(x)$, 有

(1) 次序统计量 $X_{(k)}$ 的概率密度函数为

$$g(y_k)=\frac{n!}{(k-1)!(n-k)!}(F(y_k))^{k-1}(1-F(y_k))^{n-k}f(y_k) \tag{1.1.11}$$

(2) 当 $y_k\leqslant y_j$ 时, 次序统计量 $X_{(k)}$ 和 $X_{(j)}$ $(1\leqslant k\leqslant j\leqslant n)$ 的联合密度函数为

$$g(y_k,y_j)=\frac{n!}{(k-1)!(j-1-k)!(n-j)!}(F(y_k))^{k-1}\\ \times(F(y_j)-F(y_k))^{j-k-1}(1-F(y_j))^{n-j}f(y_k)f(y_j) \tag{1.1.12}$$

(3) 当 $y_1\leqslant y_2\leqslant\cdots\leqslant y_r$ 时, 前 r 个次序统计量 $X_{(1)},X_{(2)},\cdots,X_{(r)}$ 的联合密度函数为

$$g(y_1,y_2,\cdots,y_r)=\frac{n!}{(n-r)!}(1-F(y_r))^{n-r}f(y_1)f(y_2)\cdots f(y_r) \tag{1.1.13}$$

证明 连续随机变量落在小区间 $(x,x+\mathrm{d}x)$ 里面的概率是

$$P(x<X\leqslant x+\mathrm{d}x)=f(x)\mathrm{d}x+o(\mathrm{d}x) \tag{1.1.14}$$

其中 $o(\mathrm{d}x)$ 是比 $\mathrm{d}x$ 高阶的无穷小量, 所以 $f(x)\mathrm{d}x$ 是式 (1.1.14) 中等号左边概率的主要部分, 称为 X 的概率元. 为求次序统计量的密度函数, 将实数轴分为三个区间, 即: $(-\infty,y_k),[y_k,y_k+\mathrm{d}y_k),[y_k+\mathrm{d}y_k,\infty)$. 要使 $X_{(k)}$ 的观测值落入 $[y_k,y_k+\mathrm{d}y_k)$, 就要使样本的 n 个观测值中有 $k-1$ 个落入 $(-\infty,y_k)$, 有 $n-k$ 个落入 $[y_k+\mathrm{d}y_k,\infty)$, 根据多项分布, 求得 $X_{(k)}$ 的概率元为

$$g(y_k)\mathrm{d}y_k=\frac{n!}{(k-1)!(n-k)!}(F(y_k))^{k-1}(1-F(y_k+\mathrm{d}y_k))^{n-k}f(y_k)\mathrm{d}y_k+o(\mathrm{d}y_k)$$

两边约去 $\mathrm{d}y_k$ 后, 再令 $\mathrm{d}y_k\to 0$, 即得次序统计量 $X_{(k)}$ 的概率密度函数为式 (1.1.11). 定理 1.1.5 中 第 1 部分得证.

当 $1\leqslant k\leqslant j\leqslant n$ 且 $y_k\leqslant y_j$ 时, 为求次序统计量 $X_{(k)}$ 与 $X_{(j)}$ 的联合密度函数, 将实数轴分为五个区间, 即: $(-\infty,y_k),[y_k,y_k+\mathrm{d}y_k),[y_k+\mathrm{d}y_k,y_j),[y_j,y_j+\mathrm{d}y_j),[y_j+\mathrm{d}y_j,\infty)$. 要使 $X_{(k)}$ 的观测值落入 $[y_k,y_k+\mathrm{d}y_k)$ 且 $X_{(j)}$ 的观测值落入 $[y_j,y_j+\mathrm{d}y_j)$, 就要使样本的 n 个观测值中有 $k-1$ 个落入 $(-\infty,y_k)$, 有 $j-1-k$ 个落入 $[y_k+\mathrm{d}y_k,y_j)$, 有 $n-j$ 个落入 $[y_j+\mathrm{d}y_j,\infty)$, 根据多项分布, 求得 $\{X_{(k)},X_{(j)}\}$ 的联合概率元为

$$g(y_k,y_j)\mathrm{d}y_k\mathrm{d}y_j=\frac{n!}{(k-1)!(j-1-k)!(n-j)!}\{F(y_k)\}^{k-1}\\ \times\{F(y_j)-F(y_k)\}^{j-k-1}\{1-F(y_j)\}^{n-j}f(y_k)f(y_j)\mathrm{d}y_k\mathrm{d}y_j\\ +o(\mathrm{d}y_k)+o(\mathrm{d}y_j)$$

两边约去 $\mathrm{d}y_k$ 和 $\mathrm{d}y_j$ 后, 再令 $\mathrm{d}y_k,\mathrm{d}y_j\to 0$, 即得次序统计量 $\{X_{(k)},X_{(j)}\}$ 的联合概率密度函数为式 (1.1.12). 定理 1.1.5 中 第 2 部分得证.

类似地, 可求得前 r 个次序统计量 $X_{(1)},X_{(2)},\cdots,X_{(r)}$ 的联合密度函数为式 (1.1.13), 定理 1.1.5 中第 3 部分得证.

根据定理 1.1.5 中 (1) 的结论, 可知极小值 $X_{(1)}$ 和极大值 $X_{(n)}$ 的概率密度函数分别为

$$g(y_1)=n(1-F(y_1))^{n-1}f(y_1)$$
$$g(y_n)=n(F(y_n))^{n-1}f(y_n)$$

▶ **例 1.1.9** 试用变换抽样法产生 Beta(a,b) 的随机数.

解 设随机变量 $\eta\sim$ Beta(a,b), 概率密度函数为

$$f(x)=\frac{(a+b-1)!}{(a-1)!(b-1)!}x^{a-1}(1-x)^{b-1},\quad 0<x<1$$

对于 $U(0,1)$ 的 n 个独立样本 $X_1,X_2,\cdots,X_n$, 次序统计量 $X_{(k)}$ 的概率密度函数为

$$g(y_k)=\frac{n!}{(k-1)!(n-k)!}y_k^{k-1}(1-y_k)^{n-k},\quad 0<y_k<1$$

根据 Beta 分布的定义, 此时次序统计量 $X_{(k)}$ 服从 Beta $(k,n-k+1)$. 因此, 可以采用变换抽样法产生 Beta (a,b) (a,b 为整数) 的随机数. 步骤如下:

(1) 从 $U(0,1)$ 中独立产生 $n=a+b-1$ 个随机数 $X_1,X_2,\cdots,X_n$;

(2) 将 $a+b-1$ 个随机数排序: $X_{(1)}\leqslant X_{(2)}\leqslant\cdots\leqslant X_{(n)}$;

(3) $\eta=X_{(a)}$ 为 Beta(a,b) 的一个随机数.

设置 $a=5$, $b=10$, 产生 Beta(a,b) 随机数 η_i 的代码如下:

```
set.seed(1)
n = 10000 #确定产生随机数的个数
a=5 #确定参数a
b=10 #确定参数b
m=a+b-1 #确定均匀随机数个数
eta=NULL
for (i in 1:n){
x=runif(m,0,1)
sx=sort(x) #将x排序
eta[i]=sx[a] #第a个次序统计量为Beta(a,b)的随机数
}
hist(eta,30,freq=F) #随机数分布
x0=seq(min(eta),max(eta),0.01)
lines(x0,dbeta(x0,a,b),'l',col='red') #概率密度函数
```

上述介绍的逆变换法和变换法可统称为直接抽样法, 它们都是已知所求分布的概率密度函数 $f(x)$ 或分布函数 $F(x)$, 通过某种变换关系将其转换为容易产生的分布 (称为已知分布), 然后直接将已知分布的随机数转换为所求分布的随机数的方法. 舍选抽样法是一种非直接抽样法, 舍选抽样法首先独立产生两个已知分布的随机数 (数对), 但是该随机数对的取舍由检验条件决定. 只有满足检验条件, 第一个已知分布的随机数才能作为所求分布的随机数. 与直接法相比, 舍选抽样法不需要计算分布函数的逆函数, 也不需要找到所求分布与已知分布的函数关系. 但是, 当所求分布的密度函数较复杂时, 上界函数与已知分布的选取较为困难, 而且当选取的上界函数不合适时, 舍选抽样法的效率较低.

1.1.4 复合抽样法

复合抽样法是 1961 年由 Marsaglia 提出的, 主要适用于所求分布的分布函数 (或概率密度函数) 可以用 k 个已知分布函数 (或概率密度函数) 的线性组合表示的情形, 下面的定理给出复合抽样法的步骤和合理性.

定理 1.1.6 设随机变量 η 的分布函数和概率密度函数分别为 $F(x)$ 和 $f(x)$, 并且可以写成

$$F(x)=\sum_{j=1}^{k}p_jF_j(x) \tag{1.1.15}$$

或者 $$f(x)=\sum_{j=1}^{k}p_jf_j(x) \tag{1.1.16}$$

其中, $p_j\geqslant 0,\sum_{j=1}^{k}p_j=1$, $F_j(x)$ 和 $f_j(x)$ 分别是随机变量 ξ_j 的分布函数和概率密度函数. 利用复合抽样法产生随机数的步骤概括如下:

(1) 产生 $U\sim U(0,1)$, 如果 $U\in\left[\sum_{j=1}^{l-1}p_j,\sum_{j=1}^{l}p_j,\right)$, 令 $J=l$;

(2) 产生分布函数为 $F_J(x)$ 或概率密度函数为 $f_J(x)$ 的随机数, 记为 η.

则 η 具有式 (1.1.15) 和式 (1.1.16) 的分布函数和概率密度函数.

证明 首先求根据上述步骤得到的随机数 η 的分布函数, 根据全概率公式有

$$P(\eta\leqslant x)=\sum_{j=1}^{k}P(J=j)P(\eta\leqslant x|J=j)=\sum_{j=1}^{k}p_jF_j(x)$$

求导得概率密度函数为 $f(x)=\sum_{j=1}^{k}p_jf_j(x)$.

▶ **例 1.1.10** 试产生双指数分布的随机数, 其概率密度函数为

$$f(x)=\frac{1}{2}e^{-|x|} \tag{1.1.17}$$

解 设随机变量 η 服从双指数分布, 概率密度函数式 (1.1.17) 可写成

$$f(x)=\frac{1}{2}e^{-x}I(x>0)+\frac{1}{2}e^{x}I(x<0)$$

其中, $I(\cdot)$ 为示性函数. 根据式 (1.1.16), 有 $p_1=p_2=1/2$, $f_1(x)=e^{-x}I(x>0)$ 和 $f_2(x)=e^{x}I(x<0)$. 其中 $f_1(x)$ 为参数为 1 的指数分布的概率密度函数. $f_2(x)$ 不是常见分布的概率密度函数, 这里采用逆变换法产生随机数. 假设随机变量 ξ_2 服从分布 $f_2(x)$, 可求得分布函数为 $F_2(x)=e^{x}I(x<0)$. 因此, 对于 $f_2(x)$, 先产生均匀随机数, 均匀随机数取自然对数后得到分布 $f_2(x)$ 的随机数. 具体地, 本例中的复合抽样法步骤如下:

(1) 产生均匀随机数 $U\sim U(0,1)$;

(2) 如果 $U\leqslant 1/2$, 令 $\eta=\xi_1$ 且 ξ_1 产生自 Exp(1); 如果 $U>1/2$, 令 $\eta=\xi_2$ 且 $\xi_2=\log(R)$, 其中 $R\sim U(0,1)$.

产生随机数 η_i 的代码如下:

```
set.seed(1)
n = 10000 #确定产生随机数的个数
eta=NULL
for (i in 1:n){
u=runif(1,0,1)
if (u<=0.5){
```

```
eta[i]=rexp(1,1)
}
else{
R=runif(1,0,1)
eta[i]=log(R)
}
}
hist(eta,30,freq=F) #随机数分布
x0=seq(min(eta),max(eta),0.01)
lines(x0,0.5*exp(-abs(x0)),'l',col='red') #概率密度函数
```

▶ **例 1.1.11**　试产生混合正态分布的随机数 η, 其概率密度函数为

$$f(x) = p_1 f_1(x) + p_2 f_2(x) + p_3 f_3(x) \tag{1.1.18}$$

式中, $f_1(x)$, $f_2(x)$ 和 $f_3(x)$ 分别为 $N(\mu_1, \sigma_1)$, $N(\mu_2, \sigma_2)$ 和 $N(\mu_3, \sigma_3)$ 的概率密度函数.

解　用复合抽样法产生混合正态分布随机数的步骤如下:

(1) 产生 $U \sim U(0,1)$, 如果 $U \in \left[\sum_{j=1}^{l-1} p_j, \sum_{j=1}^{l} p_j, \right)$, 令 $J = l$;

(2) 产生 $N(\mu_J, \sigma_J)$ 的随机数, 记为 η.

设置 $p_1 = p_2 = p_3 = 1/3$, $f_1(x)$, $f_2(x)$ 和 $f_3(x)$ 分别是 $N(0,1)$, $N(1,1.5)$ 和 $N(-2,2)$, 产生随机数 η_i 的代码如下:

```
set.seed(1)
n = 10000 #确定产生随机数的个数
eta=NULL
mu1=0;
mu2=1;
mu3=-2
sigma1=1;
sigma2=1.5;
sigma3=2
for (i in 1:n){
u=runif(1,0,1)
if (u<=1/3){
eta[i]=rnorm(1,mu1,sigma1)
}else if (u>1/3&u<=2/3){
eta[i]=rnorm(1,mu2,sigma2)
}else {
eta[i]=rnorm(1,mu3,sigma3)
}
}
hist(eta,30,freq=F) #随机数分布
```

```
x0=seq(min(eta),max(eta),0.01)
lines(x0,1/3*(dnorm(x0,mu1,sigma1)+dnorm(x0,mu2,sigma2)
+dnorm(x0,mu3,sigma3)),'l',col='red') #概率密度函数
```

1.1.5 近似抽样法

以上介绍的几类抽样法得到的随机数理论上都是精确分布的随机数. 但是当所求随机数分布比较复杂时, 以上介绍的方法难以实现, 此时可以采用近似方法. 本节主要介绍四类近似抽样法: (1) 基于中心极限定理的近似抽样法; (2) 对概率密度函数近似的抽样法; (3) 对分布函数近似的抽样法; (4) 经验分布抽样法.

1. 利用中心极限定理近似抽样

定理 1.1.7 设 $\{\xi_1,\xi_2,\cdots,\xi_m\}$ 为独立同分布的随机变量序列, 它的数学期望 μ 和方差 σ^2 存在. 则 $\sum\limits_{i=1}^{m}\xi_m$ 的标准化形式

$$\eta_m=\frac{1}{\sqrt{m}\sigma}\left(\sum_{i=1}^{m}\xi_i-m\mu\right)$$

满足中心极限定理. 随机变量 η_m 的分布函数记为 $F_m(x)$, 有

$$\lim_{m\to\infty}F_m(x)=\Phi(x)$$

式中, $\Phi(\cdot)$ 为标准正态分布 $N(0,1)$ 的分布函数. 记为 $\eta_m\xrightarrow{d}N(0,1)$, 其中的 $\xrightarrow{d}$ 表示依分布收敛.

定理 1.1.7 说明任何独立同分布的随机变量序列, 只要存在有限的期望和方差, 它们的均值标准化形式都渐近服从标准正态分布. 因此, 中心极限定理可以用于产生标准正态分布的随机数.

▶ **例 1.1.12** 试用近似抽样法产生 $N(0,1)$ 随机数.

解 根据中心极限定理, 产生区间 $(0,1)$ 上的均匀随机数 $\xi_1,\xi_2,\cdots,\xi_m$, 已知 $U(0,1)$ 的期望为 1/2, 方差为 1/12. 因此, 近似抽样法产生 $N(0,1)$ 随机数的抽样公式为

$$\eta=\sqrt{\frac{12}{m}}\sum_{i=1}^{m}\left(\xi_m-\frac{1}{2}\right)$$

设置 $m=12$, 产生随机数 η_i 的代码如下:

```
set.seed(1)
n = 10000 #确定产生随机数的个数
eta=NULL
m=12
for (i in 1:n){
```

```
u=runif(m,0,1)
eta[i]=sqrt(12/m)*sum(u-1/2)
}
hist(eta,30,freq=F) #随机数分布
x0=seq(min(eta),max(eta),0.01)
lines(x0,dnorm(x0,0,1),'l',col='red') #概率密度函数
```

2. 对密度函数近似抽样

Butler 抽样法 (1970) 是复合抽样法和近似抽样法的综合. 它的基本思想是: 首先将概率密度函数 $f(x)$ 用多个函数的线性组合表示, 即

$$f(x)=\sum_{j=1}^{m}p_jf_j(x) \tag{1.1.19}$$

其中每个概率密度函数 $f_j(x)$ 都用一个简单的函数 $\widetilde{f}_j(x)$ 近似, 且归一化后的 $\widetilde{f}_j(x)$ 是容易产生随机数的概率密度函数, 进而使用复合抽样法产生 $f(x)$ 的随机数. 式 (1.1.19) 中的权系数可以简单地取为 $1/m$, 近似函数 $\widetilde{f}_j(x)$ 可取常函数、简单线性函数、二次函数、样条函数等. 这里主要介绍基于线性近似方法的 Butler 抽样法. 设 η 是区间 (a,b) 上的随机变量, 它的概率密度函数为 $f(x)$, 分布函数为 $F(x)$. Butler 抽样法的步骤如下:

(1) 如图 1–1 所示, 将随机变量的取值区间 (a,b) 划分为 m 个小区间, 即 $(x_{j-1},x_j](j=1,2,\cdots,m)$, 其中 $x_0=a,x_m=b$, 且满足 $F(x_j)-F(x_{j-1})=1/m$.

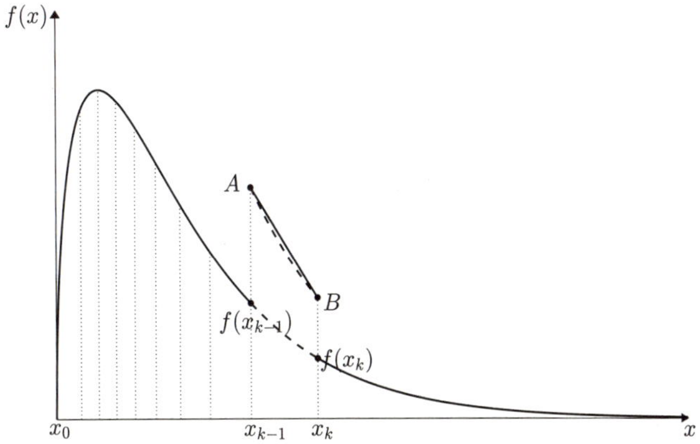

图 1-1　基于线性近似方法的 Butler 抽样法

(2) 对密度函数 $f(x)$ 进行分解, $f(x)=\sum\limits_{j=1}^{m}p_jf_j(x)$, 其中 $p_j=1/m$, 且

$$f_j(x)=\begin{cases}mf(x), & x\in(x_{j-1},x_j]\\ 0, & 其他\end{cases}$$

对于第 k 个小区间 $(x_{k-1},x_k]$, $f_k(x)$ 为图 1-1 的曲线 AB.

(3) 在小区间 $(x_{k-1},x_k]$ 上用线性函数 $\widetilde{f}_k(x)$ 作为曲线 $f_k(x)$ 的近似, 即图 1–1 的直线

AB. 对于第 j 个小区间, 线性函数由 $(x_{j-1}, mf(x_{j-1}))$ 和 $(x_j, mf(x_j))$ 两点确定, 因此直线 $\widetilde{f}_j(x)$ 的斜率和截距分别是

$$a = \frac{m(f(x_j) - f(x_{j-1}))}{x_j - x_{j-1}}, b = mf(x_{j-1}) - ax_{j-1}$$

因此, 小区间 $(x_{j-1}, x_j]$ 上 $f_j(x)$ 的近似函数为

$$\widetilde{f}_j(x) = \frac{m(f(x_j) - f(x_{j-1}))}{x_j - x_{j-1}}(x - x_{j-1}) + mf(x_{j-1})$$

注意到 $\widetilde{f}_j(x)$ 不是区间 $(x_{j-1}, x_j]$ 上的概率密度函数, 因此要对函数 $\widetilde{f}_j(x)$ 进行归一化, 使得归一化之后的密度函数 $g_j(x)$ 满足 $\displaystyle\int_{x_{j-1}}^{x_j} g_j(x)\mathrm{d}x = 1$, 即

$$\begin{aligned}
g_j(x) &= \frac{\widetilde{f}_j(x)}{\displaystyle\int_{x_{j-1}}^{x_j} \widetilde{f}_j(x)\mathrm{d}x} \\
&= \frac{2(f(x_j) - f(x_{j-1}))(x - x_{j-1})}{(x_j - x_{j-1})^2(f(x_j) + f(x_{j-1}))} + \frac{2f(x_{j-1})}{(x_j - x_{j-1})(f(x_j) + f(x_{j-1}))} \\
&= \frac{f(x_j) - f(x_{j-1})}{f(x_j) + f(x_{j-1})} \frac{2(x - x_j)}{(x_j - x_{j-1})^2} + \frac{2f(x_{j-1})}{f(x_j) + f(x_{j-1})} \frac{1}{x_j - x_{j-1}}
\end{aligned}$$

式中, 积分 $\displaystyle\int_{x_{j-1}}^{x_j} \widetilde{f}_j(x)\mathrm{d}x$ 为梯形 ABx_kx_{k-1} 的面积, 即 $m(x_j - x_{j-1})(f(x_j) + f(x_{j-1}))/2$. 此时函数 $g_j(x)$ 为概率密度函数, 并且可以简写成下式:

$$g_j(x) = d_j g_{j1}(x) + (1 - d_j) g_{j2}(x)$$

式中, $d_j = (f(x_j) - f(x_{j-1}))(f(x_j) + f(x_{j-1}))^{-1}$. 考虑到 $f(x_j)$ 和 $f(x_{j-1})$ 的大小关系不确定, 为使 $g_j(x)$ 的权函数 d_j 满足 $0 < d_j < 1$, 令 $d_j = |f(x_j) - f(x_{j-1})|(f(x_j) + f(x_{j-1}))^{-1}$, 并在 $x \in (x_{j-1}, x_j]$ 上取

$$g_{j1} = \begin{cases} \dfrac{2(x - x_{j-1})}{(x_j - x_{j-1})^2}, & f(x_j) > f(x_{j-1}) \\ \dfrac{-2(x - x_j)}{(x_j - x_{j-1})^2}, & f(x_j) < f(x_{j-1}) \end{cases}$$

$$g_{j2} = \frac{1}{(x_j - x_{j-1})}, \quad x \in (x_{j-1}, x_j]$$

综上所述, 对于分布 $f(x)$, 近似复合抽样公式为:

$$f(x) \approx \sum_{j=1}^{m} \frac{1}{m}\{d_j g_{j1}(x) + (1 - d_j) g_{j2}(x)\}$$

对于给定的 m 个小区间 (如图 1–1 所示), Butler 抽样法的具体步骤如下:

(1) 产生 $R \sim U(0,1)$, 令 $k = [mR + 1]$;

(2) 产生概率密度函数为 $g_k(x)$ 的随机数. 独立产生 $U_1, U_2 \sim U(0,1)$, 当 $U_2 \leqslant d_k$ 时, 令

$$\eta = \begin{cases} x_{k-1} + (x_k - x_{k-1})\sqrt{U_1}, & f(x_k) > f(x_{k-1}) \\ x_k - (x_k - x_{k-1})\sqrt{1 - U_1}, & f(x_k) < f(x_{k-1}) \end{cases}$$

当 $U_2 > d_k$ 时, 令 $\eta = x_{k-1} + (x_k - x_{k-1})U_1$, 则由此得到的 η 为近似服从分布 $f(x)$ 的随机数.

▶ **例 1.1.13**　用近似抽样法产生正态分布的 $N(0,1)$ 的随机数.

解　设随机变量 $\eta \sim N(0,1)$, 概率密度函数和分布函数分别为

$$f(x) = \frac{1}{\sqrt{2\pi}} e^{-x^2/2}, \quad -\infty < x < \infty$$

和

$$F(x) = \frac{1}{\sqrt{2\pi}} \int_{-\infty}^{x} e^{-x^2/2}, \quad -\infty < x < \infty$$

由于 $F(-6) \approx 0$ 和 $F(6) \approx 1$, 取 $a = -6$ 和 $b = 6$, 将区间 (a, b) 划分为 m 个小区间 $(x_{j-1}, x_j]$　$(j = 1, 2, \cdots, m)$ 且满足 $F(x_j) - F(x_{j-1}) = 1/m$, 如图 1–2 所示, 图中虚线为每个小区间上近似的线性函数 $g_k(x)$. 用 Bulter 方法产生标准正态分布随机数的步骤如下:

(1) 产生 $R \sim U(0,1)$, 令 $k = [mR + 1]$;

(2) 独立产生 $U_1, U_2 \sim U(0,1)$, 令 $d_k = |f(x_k) - f(x_{k-1})|(f(x_k) + f(x_{k-1}))^{-1}$. 当 $U_2 \leqslant d_k$ 时, 令

$$\eta = \begin{cases} x_{k-1} + (x_k - x_{k-1})\sqrt{U_1}, & f(x_k) > f(x_{k-1}) \\ x_k - (x_k - x_{k-1})\sqrt{1 - U_1}, & f(x_k) < f(x_{k-1}) \end{cases}$$

当 $U_2 > d_k$ 时, 令 $\eta = x_{k-1} + (x_k - x_{k-1})U_1$, 则由此得到的 η 为近似服从标准正态分布 $N(0,1)$ 的随机数.

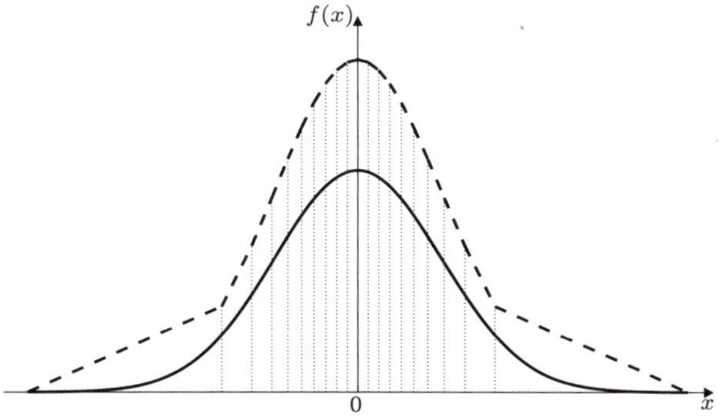

图 1-2　Butler 抽样法产生标准正态分布的随机数

设置 $m = 40$, 产生随机数 η_i 的代码如下:

```
set.seed(1)
n = 100000 #确定产生随机数的个数
eta=NULL
m=40 #确定小区间个数
Npdf=NULL
Ncdf=NULL
```

```
fx=function(x){
resu=sqrt(1/(2*pi))*exp(-x^2/2) #理论概率密度函数
return(resu)
}
Fx=function(x){
resu=integrate(fx,lower=-6,upper=x)$value #理论分布函数
return(resu)
}
x=seq(-6,6,0.0001)
Npdf=fx(x)
for (i in 1:length(x)){
Ncdf[i]=Fx(x[i])
}
xd=NULL
for (i in 1:m){ #确定m个小区间的分割点
index=min(which(abs(Ncdf-i/m)<0.0001))
xd[i]=x[index]
}
xd=c(x[1],xd)
for (i in 1:n){
r=runif(1,0,1)
k=floor(m*r+1)
u1=runif(1,0,1)
u2=runif(1,0,1)
dk=abs(fx(xd[k+1])-fx(xd[k]))/(fx(xd[k+1])+fx(x[k]))
if (u2<=dk){
if (fx(xd[k+1])>fx(xd[k])){
eta[i]=xd[k]+(xd[k+1]-xd[k])*sqrt(u1)
}else{
eta[i]=xd[k+1]-(xd[k+1]-xd[k])*sqrt(1-u1)
}
}else{
eta[i]=xd[k]+(xd[k+1]-xd[k])*u1
}
}
#频率直方图和概率密度函数
hist(eta,40,xlim=c(-6,6),freq=F)
lines(x,dnorm(x,0,1),'l',col='red')
```

3. 对分布函数近似抽样

Bulter 抽样法是将概率密度函数分解并近似，然后用复合抽样法产生随机数的方法. 类似地，也可以对分布函数进行分解. 设随机变量 η 在区间 (a,b) 上取值，分布函数为 $F(x)$，首先把 (a,b) 分割成 m 个小区间，即 $(x_{j-1},x_j](j=1,2,\cdots,m)$，其中 $x_0=a$, $x_m=b$. 在第 k 个小区间 $(x_{k-1},x_k]$ 基于 $F(x)$ 构造分布函数 $F_k(x)$:

$$F_k(x)=\begin{cases}0, & x\leqslant x_{k-1}\\ \dfrac{F(x)-F(x_{k-1})}{p_k}, & x_{k-1}<x\leqslant x_k\\ 1, & x>x_k\end{cases}$$

式中，$p_k=F(x_k)-F(x_{k-1})$. 显然 $F_k(x)$ 是区间 $(x_{k-1},x_k]$ 上的分布函数. 分布函数 $F(x)$ 可分解为

$$F(x)=\sum_{j=1}^{m}p_jF_j(x)$$

在区间 $(x_{k-1},x_k]$ 上对 $F_k(x)$ 近似如下:

$$F_k(x)=\frac{F(x)-F(x_{k-1})}{p_k}\approx\frac{x-x_{k-1}}{x_k-x_{k-1}}$$

对于给定的 m 个小区间 $(x_{j-1},x_j](j=1,2,\cdots,m)$ 以及权系数 $p_j=F(x_j)-F(x_{j-1})$，对分布函数 $F(x)$ 近似抽样法步骤如下:

(1) 产生 $R\sim U(0,1)$，若 $R\in\left[\sum_{j=1}^{l-1}p_j,\sum_{j=1}^{l}p_j,\right)$，令 $k=l$;

(2) 产生 $U\sim U(0,1)$，令 $\eta=x_{k-1}+(x_k-x_{k-1})U$，则 η 为近似地服从分布函数 $F(x)$ 的随机数.

▶ **例 1.1.14**　用分布函数近似抽样法产生正态分布 $N(0,1)$ 的随机数.

解　正态分布函数为

$$F(x)=\frac{1}{\sqrt{2\pi}}\int_{-\infty}^{x}e^{-x^2/2},\quad -\infty<x<\infty$$

与例 1.1.13 相同，取 $a=-6$ 和 $b=6$，将区间 (a,b) 平均划分为 m 个小区间 $(x_{j-1},x_j](j=1,2,\cdots,m)$. 对分布函数的近似抽样法产生标准正态分布随机数的步骤如下:

(1) 产生 $R\sim U(0,1)$，令 $p_j=F(x_j)-F(x_{j-1})$，若 $R\in\left[\sum_{j=1}^{l-1}p_j,\sum_{j=1}^{l}p_j,\right)$，令 $k=l$;

(2) 产生 $U\sim U(0,1)$，令 $\eta=x_{k-1}+(x_k-x_{k-1})U$，则由此得到的 η 为近似服从标准正态分布 $N(0,1)$ 的随机数.

以 $m=40$ 为例，产生随机数 η_i 的代码如下:

```
set.seed(1)
n = 100000 #确定产生随机数的个数
eta=NULL
```

```
m=40 #确定小区间个数
p=NULL
Fx=function(x){
resu=integrate(fx,lower=-6,upper=x)$value #理论分布函数
return(resu)
}
x=seq(-6,6,0.0001)
xd=x[1]+seq(0,m)*12/m #平均分割取值区间
for (i in 1:(length(xd)-1)){
p[i]=Fx(xd[i+1])-Fx(xd[i]) #计算权系数
}
cump=cumsum(p)
for (i in 1:n){
r=runif(1,0,1)
k=min(which(cump>=r)) #确定抽样区间为第k个区间
u=runif(1,0,1)
eta[i]=xd[k]+(xd[k+1]-xd[k])*u
}
#频率直方图和概率密度函数
hist(eta,40,xlim=c(-6,6),freq=F)
lines(x,dnorm(x,0,1),'l',col='red')
```

4. 经验分布抽样法

以上介绍的近似抽样法只能用于分布已知 (概率密度函数或分布函数已知) 的情形, 但在实际应用中, 通常需要基于观测数据推断未知的总体情况. 根据格里汶科定理, 观测数据求得的经验分布函数 $F_n(x)$ 是总体分布函数 $F(x)$ 很好的近似. 因此, 可以通过观测数据的经验分布函数产生服从总体分布函数 $F(x)$ 的随机数, 这种方法称为经验分布函数法. 经验分布抽样法可分为两种情形: (1) 原始观测数据已知; (2) 原始观测数据未知, 但分组观测频数已知.

(1) 已知原始观测数据.

设 $x_1,x_2,\cdots,x_n$ 是某总体的观测数据, 其分布函数 $F(x)$ 未知. 将 $x_1,x_2,\cdots,x_n$ 排序得 $x_{(1)}\leqslant x_{(2)}\leqslant\cdots\leqslant x_{(n)}$. 经验分布函数的定义为

$$F_n(x)=\begin{cases}0, & x\in(-\infty,x_{(1)}]\\ k/n, & x\in(x_{(k)},x_{(k+1)}]\\ 1, & x\in(x_{(n)},\infty)\end{cases}$$

式中, $k=1,2,\cdots,n-1$. n 个观测点将 $[x_{(1)},x_{(n)}]$ 分为 $n-1$ 个小区间, 假定数据落入小区间 $(x_{(k)},x_{(k+1)}]$ 的概率为 $1/(n-1)$, 且服从区间 $(x_{(k)},x_{(k+1)}]$ 上的均匀分布. 因此按照如下步骤产生随机数:

① 产生 $U_1\sim U(0,1)$, 记 $p=(n-1)U_1+1$, 令 $k=[p]$;

② 产生 $U_2 \sim U(0,1)$, 令 $\eta = x_{(k)} + U_2(x_{(k+1)} - x_{(k)})$.
则 η 为近似服从分布函数 $F(x)$ 的随机数.

(2) 已知分组观测频数.

设已知 n 个观测数据在 m 个连续的小区间 $[a_0, a_1), [a_1, a_2), \cdots, [a_{m-1}, a_m]$ 上的观测频数分别为 $n_1, n_2, \cdots, n_m (n_1 + n_2 + \cdots + n_m = n)$. 利用这些观测频数可以给出经验分布函数 $F_n(x)$:

$$F_n(x) = \begin{cases} 0, & x \in (-\infty, a_0] \\ \displaystyle\sum_{i=1}^{k} \frac{n_i}{n}, & x \in (a_k, a_{k+1}] \\ 1, & x \in (a_m, \infty) \end{cases}$$

式中, $k = 1, 2, \cdots, m-1$. 按照如下步骤产生随机数:

① 产生 $U \sim U(0,1)$, 若 $F_n(a_{j-1}) < U \leqslant F_n(a_j)$, 则取 $k = j$;

② 令 $\eta = a_{k-1} + \dfrac{U - F_n(a_{k-1})}{F_n(a_k) - F_n(a_{k-1})}(a_k - a_{k-1})$.

则 η 近似服从总体分布 $F(x)$ 的随机数.

本节共介绍了五种连续非均匀随机数的产生方法. 事实上, 在 R 语言中, 已经给出了常用的连续型随机数的产生函数, 例如, 均匀分布 (`runif`)、正态分布 (`rnorm`)、对数正态分布 (`rlnorm`)、指数分布 (`rexp`)、Gamma 分布 (`rgamma`)、Beta 分布 (`rbeta`)、t 分布 (`rt`)、χ^2 分布 (`rchisq`)、F 分布 (`rf`) 等.

1.2 离散分布随机数的抽样法

一般情形下, 离散型随机变量的概率分布列都有定义, 相应可得分布函数. 常用逆变换法产生离散型随机变量随机数. 对于离散型随机变量, 仅介绍用逆变换法产生随机数.

逆变换法

定理 1.2.1　设 $\{x_i\}$ 为离散型随机变量 ξ 所有可能的取值, p_i 是 ξ 取 x_i 的概率, 即

$$P(\xi = x_i) = p_i, \quad i = 1, 2, 3, \cdots$$

ξ 的分布函数为

$$F(x) = P(\xi \leqslant x) = \sum_{x_i \leqslant x} p_i$$

按照以下方法产生随机数 ξ:

(1) 产生 $R \sim U(0,1)$;

(2) 如果 $R \leqslant F(x_1)$, 则令 $\xi = x_1$; 如果 $F(x_{i-1}) < R \leqslant F(x_i) (i = 2, 3, \cdots)$, 则令 $\xi = x_i$,

ξ 是分布 $F(x)$ 的随机数.

证明 根据随机数 ξ 的产生方法, 有

$$P(\xi=x_1)=P(R\leqslant F(x_1))=F(x_1)=p_1$$
$$P(\xi=x_i)=P(F(x_{i-1})<R\leqslant F(x_i))=F(x_i)-F(x_{i-1})=p_i,\quad i=2,3,\cdots$$

所以 $\xi\sim F(x)$, 定理 1.2.1 得证.

▶ **例 1.2.1** 已知离散型随机变量 ξ 的概率分布列为

x_i	1	2.5	3.5	5	6
p_i	0.1	0.2	0.3	0.2	0.2

试用逆变换法产生服从上述分布列的随机数 ξ.

解 按照下列方法产生随机数 ξ:

(1) 产生 $R\sim U(0,1)$;

(2) 令 $\xi=\begin{cases}1, & R\leqslant 0.1\\ 2.5, & 0.1<R\leqslant 0.3\\ 3.5, & 0.3<R\leqslant 0.6\\ 5, & 0.6<R\leqslant 0.8\\ 6, & 0.8<R\leqslant 1\end{cases}$

产生随机数 ξ_i 的代码如下:

```
set.seed(1)
X=c(1,2.5,3.5,5,6)
prob = c(0.1,0.2,0.3,0.2,0.2) #离散分布列
Fx=cumsum(prob) #分布函数
n = 10000 #产生随机数的个数
xi=NULL
for (i in 1:n){
r=runif(1,0,1)
if (r<=prob[1]){
xi[i]=X[1]
}else
xi[i]=X[min(which(Fx>=r))]
}
x=sample(c(1,2.5,3.5,5,6),size=n,replace=TRUE,prob=prob)
table(xi)/n #逆变换法产生的随机数分布
table(x)/n #直接抽样产生的随机数分布
```

习题

1.1 Pareto(a,b) 分布具有累积分布函数

$$F(x) = 1 - \left(\frac{b}{x}\right)^a, \quad x \geqslant b>0,\ a>0$$

利用逆变换法产生 $a=2$, $b=2$ 时 Pareto 分布的随机样本, 同时绘制样本密度直方图和分布密度曲线图来比较随机数的产生效果.

1.2　生成样本量为 1 000、服从正态混合分布 $p_1N(0,1)+(1-p_1)N(3,1)$ 的随机样本, 这里 $p_1=0.5$. 同时绘制样本密度直方图和分布密度曲线图比较随机数的产生效果.

1.3　Rayleigh 分布具有密度函数

$$f(x) = \frac{x}{\sigma^2}e^{-\frac{x^2}{2\sigma^2}}, \quad x \geqslant 0,\ \sigma>0$$

给定 $\sigma=1$, 设计多种方法生成上述分布的随机数.

1.4　离散型随机变量 X 服从以下分布列:

X	0	1	2	3	4
p_i	0.1	0.2	0.2	0.2	0.3

设计算法生成样本量为 1 000、服从上述分布的随机数, 并且比较随机数的观测频率和理论概率值.

第2章 随机向量随机数的抽样法

第 1 章介绍了产生一维非均匀随机数的方法, 在实际应用中, 常常需要产生 p 维随机向量 $(\xi_1,\xi_2,\cdots,\xi_p)$ 的随机数. 若各分量独立, 则可对分量 $\xi_1,\xi_2,\cdots,\xi_p$ 独立进行抽样. 很多情况下分量之间是相关的, 本章介绍几种随机向量随机数的抽样法.

2.1 连续随机向量随机数的抽样法

首先介绍连续随机向量随机数的抽样法, 包括变换抽样法、条件分布法以及舍选抽样法.

2.1.1 变换抽样法

多维随机向量随机数的变换抽样法和一维随机数的变换抽样法类似. 有 q 维随机向量 $(\eta_1,\eta_2,\cdots,\eta_q)$ 和 p 维随机向量 $(\xi_1,\xi_2,\cdots,\xi_p)$ 间的变换, 即

$$\begin{cases}\eta_1=g_1(\xi_1,\xi_2,\cdots,\xi_p)\\ \eta_2=g_2(\xi_1,\xi_2,\cdots,\xi_p)\\ \cdots\\ \eta_q=g_q(\xi_1,\xi_2,\cdots,\xi_p)\end{cases}$$

假设 p 维随机向量 $(\xi_1,\xi_2,\cdots,\xi_p)$ 的概率密度函数为 $f(x_1,x_2,\cdots,x_p)$, 则 q 维随机向量 $(\eta_1,\eta_2,\cdots,\eta_q)$ 的分布函数为

$$P(\eta_1\leqslant y_1,\eta_2\leqslant y_2,\cdots,\eta_q\leqslant y_q)=\underset{\substack{g_1(x_1,x_2,\cdots,x_p)\leqslant y_1\\ \cdots\\ g_q(x_1,x_2,\cdots,x_p)\leqslant y_q}}{\int\cdots\int} f(x_1,x_2,\cdots,x_p)\mathrm{d}x_1\mathrm{d}x_2\cdots\mathrm{d}x_p \quad (2.1.1)$$

可见, 式 (1.1.7) 是式 (2.1.1) 在 $q=1$ 时的特例. 定理 2.1.1 给出了 $p=q=2$ 时, 随机向量 (η_1,η_2) 的联合密度函数.

定理 2.1.1 设随机向量 (ξ_1,ξ_2) 具有二维联合密度函数 $f(x_1,x_2)$, 令

$$\begin{cases}y_1=g_1(x_1,x_2)\\ y_2=g_2(x_1,x_2)\end{cases}$$

且存在唯一的反变换 $\begin{cases} x_1 = h_1(y_1, y_2) \\ x_2 = h_2(y_1, y_2) \end{cases}$, 设 h_1, h_2 的一阶偏导数存在, 函数变换的雅可比行列式

$$J = \begin{vmatrix} \dfrac{\partial x_1}{\partial y_1} & \dfrac{\partial x_1}{\partial y_2} \\ \dfrac{\partial y_1}{\partial x_1} & \dfrac{\partial y_1}{\partial x_2} \end{vmatrix} \neq 0 \tag{2.1.2}$$

令 $\begin{cases} \eta_1 = g_1(\xi_1, \xi_2) \\ \eta_2 = g_2(\xi_1, \xi_2) \end{cases}$, 则随机变量 (η_1, η_2) 的二维联合密度函数为

$$p(y_1, y_2) = f(h_1(y_1, y_2), h_2(y_1, y_2))|J|$$

证明　随机向量 (η_1, η_2) 的分布函数为

$$P(\eta_1 \leqslant y_1, \eta_2 \leqslant y_2) = \iint\limits_{\substack{g_1(x_1,x_2) \leqslant y_1 \\ g_2(x_1,x_2) \leqslant y_2}} f(x_1, x_2)\mathrm{d}x_1\mathrm{d}x_2 \tag{2.1.3}$$

设 (η_1, η_2) 的联合密度函数为 $p(y_1, y_2)$, 则有

$$P(\eta_1 \leqslant y_1, \eta_2 \leqslant y_2) = \int_{-\infty}^{y_1}\int_{-\infty}^{y_2} p(u_1, u_2)\mathrm{d}u_1\mathrm{d}u_2 \tag{2.1.4}$$

对比式 (2.1.3) 和式 (2.1.4), 有

$$\iint\limits_{\substack{g_1(x_1,x_2) \leqslant y_1 \\ g_2(x_1,x_2) \leqslant y_2}} f(x_1, x_2)\mathrm{d}x_1\mathrm{d}x_2 = \int_{-\infty}^{y_1}\int_{-\infty}^{y_2} p(u_1, u_2)\mathrm{d}u_1\mathrm{d}u_2$$

由于反变换 $\begin{cases} x_1 = h_1(y_1, y_2) \\ x_2 = h_2(y_1, y_2) \end{cases}$ 存在且唯一, 令 $g_1(x_1, x_2) = u_1$, $g_2(x_1, x_2) = u_2$, 对式 (2.1.3) 等号右边的积分做变换有

$$\int_{-\infty}^{y_1}\int_{-\infty}^{y_2} f(h_1(u_1, u_2), h_2(u_1, u_2))|J|\mathrm{d}u_1\mathrm{d}u_2 = \int_{-\infty}^{y_1}\int_{-\infty}^{y_2} p(u_1, u_2)\mathrm{d}u_1\mathrm{d}u_2$$

其中, J 为式 (2.1.2) 中定义的雅可比行列式. 因此,

$$p(y_1, y_2) = f(h_1(y_1, y_2), h_2(y_1, y_2))|J|$$

定理 2.1.1 得证, $p = q > 2$ 的情形也类似可证. 对于 q 维随机向量 $\eta_i = g_i(\xi_1, \xi_2, \cdots, \xi_p)$ $(i = 1, 2, \cdots, q)$, 当随机向量 $(\xi_1, \xi_2, \cdots, \xi_p)$ 的分布已知且随机数容易产生时, 可以用变换抽样法产生随机变量 $(\eta_1, \eta_2, \cdots, \eta_q)$ 的随机数. 具体步骤如下:

(1) 产生多维随机数 $(\xi_1, \xi_2, \cdots, \xi_p) \sim f(x_1, x_2, \cdots, x_p)$;

(2) 令 $\eta_i = g_i(\xi_1, \xi_2, \cdots, \xi_p)(i = 1, 2, \cdots, q)$, 则得到随机变量 $(\eta_1, \eta_2, \cdots, \eta_q)$ 的随机数.

▶ **例 2.1.1**　用变换抽样法产生二维随机向量 (η_1, η_2), 联合密度函数如下:

$$f(x_1, x_2) = \lambda^2 e^{-\lambda(x_1 + 2x_2)}, \quad x_1 + x_2 > 0; \quad x_2 > 0 \tag{2.1.5}$$

首先证明, 若随机变量 ξ_1, ξ_2 相互独立, 且服从参数为 λ 的指数分布, 令

$$\begin{cases} \eta_1 = \xi_1 - \xi_2 \\ \eta_2 = \xi_2 \end{cases} \tag{2.1.6}$$

则随机变量 (η_1, η_2) 的联合密度函数为式 (2.1.5).

由于随机变量 ξ_1, ξ_2 相互独立, 所以 ξ_1 和 ξ_2 的联合密度函数为 $p(y_1, y_2) = \lambda^2 e^{-(y_1+y_2)}$. 由式 (2.1.6) 可得

$$\begin{cases} \xi_1 = \eta_1 + \eta_2 \\ \xi_2 = \eta_2 \end{cases}$$

雅可比行列式为 $J = 1$. 所以, 随机变量 (η_1, η_2) 的联合密度函数为

$$f(x_1, x_2) = \begin{cases} p(x_1 + x_2, x_2)|J| = \lambda^2 e^{-(x_1+2x_2)}, & x_1 + x_2 > 0;\quad x_2 > 0 \\ 0, & \text{其他} \end{cases}$$

因此, 可以用变换抽样法产生联合密度函数为式 (2.1.5) 的随机向量. 具体步骤如下:

(1) 独立产生参数为 λ 的指数分布 $\xi_1 \sim \text{Exp}(\lambda)$ 和 $\xi_2 \sim \text{Exp}(\lambda)$ 的随机数 ξ_1, ξ_2;

(2) 令 $\eta_1 = \xi_1 - \xi_2$, $\eta_2 = \xi_2$, 得到向量 (η_1, η_2) 的随机数.

以 $\lambda = 1$ 为例, 向量 (η_1, η_2) 随机数产生的 R 程序如下:

```
set.seed(1)
n=1000
lambda=1
eta=matrix(0,n,2)
xi1=rexp(n,lambda)
xi2=rexp(n,lambda)
eta1=xi1-xi2
eta2=xi2
eta=cbind(eta1,eta2)
```

▶ **例 2.1.2** 试用变换抽样法生成二维正态随机向量 $(\eta_1, \eta_2) \sim N_2(\boldsymbol{\mu}, \Sigma)$ 的随机数, 其中

$$\boldsymbol{\mu} = \begin{pmatrix} \mu_1 \\ \mu_2 \end{pmatrix}, \quad \Sigma = \begin{pmatrix} \sigma_1^2 & \rho\sigma_1\sigma_2 \\ \rho\sigma_1\sigma_2 & \sigma_2^2 \end{pmatrix}$$

解 首先证明, 若随机变量 ξ_1, ξ_2 相互独立, 且均服从标准正态分布, 令

$$\begin{cases} \eta_1 = \sigma_1\xi_1 + \mu_1 \\ \eta_2 = (\sqrt{1-\rho^2}\xi_2 + \rho\xi_1)\sigma_2 + \mu_2 \end{cases} \tag{2.1.7}$$

则随机向量 $(\eta_1, \eta_2) \sim N_2(\boldsymbol{\mu}, \Sigma)$.

由于随机变量 ξ_1, ξ_2 相互独立, 所以 ξ_1 和 ξ_2 的联合密度函数为

$$p(y_1, y_2) = \frac{1}{2\pi} \exp\left(-\frac{y_1^2 + y_2^2}{2}\right)$$

由式 (2.1.7) 可得

$$\begin{cases} \xi_1 = \dfrac{\eta_1 - \mu_1}{\sigma_1} \\ \xi_2 = \dfrac{1}{\sqrt{1-\rho^2}}\left(\dfrac{\eta_2 - \mu_2}{\sigma_2} - \rho\dfrac{\eta_1 - \mu_1}{\sigma_1}\right) \end{cases}$$

雅可比行列式为

$$J = \begin{vmatrix} \dfrac{\partial \xi_1}{\partial \eta_1} & \dfrac{\partial \xi_1}{\partial \eta_2} \\ \dfrac{\partial \xi_2}{\partial \eta_1} & \dfrac{\partial \xi_2}{\partial \eta_2} \end{vmatrix} = \begin{vmatrix} \sigma_1^{-1} & 0 \\ -\rho(\sigma_1\sqrt{1-\rho^2})^{-1} & (\sigma_2\sqrt{1-\rho^2})^{-1} \end{vmatrix} = (\sigma_1\sigma_2\sqrt{1-\rho^2})^{-1}$$

所以, 随机向量 (η_1, η_2) 的联合密度函数为

$$\begin{aligned} f(x_1, x_2) &= p\left(\frac{x_1 - \mu_1}{\sigma_1}, \frac{1}{\sqrt{1-\rho^2}}\left(\frac{x_2 - \mu_2}{\sigma_2} - \rho\frac{x_1 - \mu_1}{\sigma_1}\right)\right)|J| \\ &= \frac{1}{2\pi\sigma_1\sigma_2\sqrt{1-\rho^2}}\exp\left(-\frac{\dfrac{(x_1-\mu_1)^2}{\sigma_1^2} - 2\rho\dfrac{(x_1-\mu_1)(x_2-\mu_2)}{\sigma_1\sigma_2} + \dfrac{(x_2-\mu_2)^2}{\sigma_2^2}}{2(1-\rho^2)}\right) \end{aligned}$$

因此, 可用变换抽样法产生 $N_2(\boldsymbol{\mu}, \Sigma)$ 的随机向量. 具体步骤如下:

(1) 独立产生随机数 $\xi_1 \sim N(0,1)$ 和 $\xi_2 \sim N(0,1)$;

(2) 令 $\eta_1 = \sigma_1\xi_1 + \mu_1$, $\eta_2 = (\sqrt{1-\rho^2}\xi_2 + \rho\xi_1)\sigma_2 + \mu_2$, 则得到 (η_1, η_1) 服从 $N_2(\boldsymbol{\mu}, \Sigma)$ 的随机向量.

设置 $\mu_1 = \mu_2 = 0$, $\sigma_1 = \sigma_2 = 2$ 和 $\rho = 0.8$, 产生 2 维正态随机向量的 R 程序如下:

```
set.seed(1)
n=1000
mu_1=mu_2=0
sigma_1=sigma_2=2
rho=0.8
xi1=rnorm(n,0,1)
xi2=rnorm(n,0,1)
eta1=sigma_1*xi1+mu_1
eta2=(sqrt(1-rho^2)*xi2+rho*xi1)*sigma_2+mu_2
c(mean(eta1),mean(eta2))
matrix(c(var(eta1),cor(eta1,eta2),cor(eta1,eta2),var(eta1)),2)
```

2.1.2 条件分布法

随机向量的随机数还可以通过条件分布法产生. 随机向量 $(\xi_1, \xi_2, \cdots, \xi_p)$ 的联合密度函数 $f(x_1, x_2, \cdots, x_p)$ 可以分解为多个条件分布的乘积, 即

$$f(x_1, x_2, \cdots, x_p) = f_1(x_1)f_2(x_2 \mid x_1)\cdots f_p(x_p \mid x_1, x_2, \cdots, x_{p-1})$$

其中, $f_2(x_2|x_1), \cdots, f_p(x_p|x_1, x_2, \cdots, x_{p-1})$ 均为条件密度函数. 随机向量 $(\xi_1, \xi_2, \cdots, \xi_p)$ 的

随机数 $(x_1, x_2, \cdots, x_p)$ 可按下列方法产生:

(1) 产生随机数 $x_1 \sim f_1(x_1)$;

(2) 给定 $\xi_1 = x_1$, 产生随机数 $x_2 \sim f_2(x_2 \mid \xi_1 = x_1)$;

....

(p) 给定 $(\xi_1, \xi_2, \cdots, \xi_{p-1}) = (x_1, x_2, \cdots, x_{p-1})$, 产生随机数 $x_p \sim f_p(x_p \mid (\xi_1, \xi_2, \cdots, \xi_{p-1})) = (x_p|(x_1, x_2, \cdots, x_{p-1}))$, 得到的密度函数为 $f(x_1, x_2, \cdots, x_p)$ 的随机向量 $(x_1, x_2, \cdots, x_p)$.

上述产生随机数的方法称为条件分布法.

▶ **例 2.1.3** 试用条件分布法产生联合密度函数为 $f(x_1, x_2, \cdots, x_p) = x_1^{p-1} + x_2^{p-1} + \cdots + x_p^{p-1}$ $(x_i \in [0,1], i = 1, 2, \cdots, p)$ 的随机数.

设随机向量 $(\xi_1, \xi_2, \cdots, \xi_p)$ 具有上述联合密度函数, 且可以分解为

$$f(x_1, x_2, \cdots, x_p) = f_1(x_1) f_2(x_2 \mid x_1) \cdots f_p(x_p \mid x_1, x_2, \cdots, x_{p-1})$$

通过计算可得 $(\xi_1, \xi_2, \cdots, \xi_j)$ $(j = 1, 2, \cdots, p-1)$ 的联合密度函数为

$$\begin{aligned} f(x_1, x_2, \cdots, x_j) &= \int_0^1 \cdots \int_0^1 x_1^{p-1} + x_2^{p-1} + \cdots + x_p^{p-1} \mathrm{d}x_{j+1} \cdots \mathrm{d}x_n \\ &= \sum_{i=1}^{j} x_i^{p-1} + \frac{p-j}{p} \end{aligned}$$

可得各条件分布的密度函数为

$$\begin{aligned} f_j(x_j \mid x_1, x_2, \cdots, x_{j-1}) &= \frac{f(x_1, x_2, \cdots, x_j)}{f(x_1, x_2, \cdots, x_{j-1})} \\ &= \frac{\sum_{i=1}^{j} x_i^{p-1} + (p-j)/p}{\sum_{i=1}^{j-1} x_i^{p-1} + (p-j+1)/p} = \frac{x_j^{p-1} + \sum_{i=1}^{j-1} x_i^{p-1} + (p-j)/p}{\sum_{i=1}^{j-1} x_i^{p-1} + (p-j+1)/p} \\ &= \frac{p x_j^{p-1}}{p\sum_{i=1}^{j-1} x_i^{p-1} + (p-j+1)} + \frac{p\sum_{i=1}^{j-1} x_i^{p-1} + (p-j)}{p\sum_{i=1}^{j-1} x_i^{p-1} + (p-j+1)} \end{aligned}$$

令 $f_j(x_j \mid x_1, x_2, \cdots, x_{j-1}) = p_{j1} p x_j^{p-1} + p_{j2}$, 其中

$$p_{j1} = \frac{1}{p\sum_{i=1}^{j-1} x_i^{p-1} + (p-j+1)}, \quad p_{j2} = \frac{p\sum_{i=1}^{j-1} x_i^{p-1} + (p-j)}{n\sum_{i=1}^{j-1} x_i^{p-1} + (p-j+1)}$$

且 $p_{j1} + p_{j2} = 1$. 特别地, 当 $j = 1$ 时, $p_{11} = 1/p$ 和 $p_{12} = (p-1)/p$. 条件密度 $f_j(x_j \mid x_1, x_2, \cdots, x_{j-1})$ 的随机数可通过复合抽样法产生, 因此密度函数为 $f(x_1, x_2, \cdots, x_p) = x_1^{p-1} + x_2^{p-1} + \cdots + x_p^{p-1}$ $(x_i \in [0,1], i = 1, 2, \cdots, p)$ 的随机数 $(x_1, x_2, \cdots, x_p)$ 可通过条件分布法产生. 具体步骤如下:

(1) 从均匀分布 $U(0,1)$ 中独立产生随机数 R_1 和 U_1, 如果 $R_1 \leqslant 1/p$, 取 $x_1 = U_1^{1/p}$, 否则, 取 $x_1 = U_1$;

(2) 给定 x_1, 从 $U(0,1)$ 中独立产生随机数 R_2 和 U_2, 如果 $R_2 \leqslant 1/(px_1^{p-1}+p-1)$, 取 $x_2 = U_2^{1/p}$, 否则, 取 $x_2 = U_2$;

....

(p) 给定 $(x_1, x_2, \cdots, x_{p-1})$, 从 $U(0,1)$ 中独立产生随机数 R_p 和 U_p, 如果 $R_p \leqslant 1/\left(p\sum\limits_{i=1}^{p-1} x_i^{p-1}+1\right)$, 取 $\xi_p = U_k^{1/p}$, 否则, 取 $\xi_p = U_k$. 得到密度函数为 $f(x_1, x_2, \cdots, x_p)$ 的随机数 $x_1, x_2, \cdots, x_p$.

以 $p=5$ 为例, 产生随机数的程序如下:

```
set.seed(1)
p=5
generateVector = function(p){
vec = c()
for (i in 1:p){
point = 1 / (sum(p*(vec^(p-1))) + p-i+1)
threshold = runif(1)
if (threshold < point){
vec = c(vec, (runif(1)^(1/p)))
}else{
vec = c(vec, (runif(1)))
}
}
return(vec)
}
xi=generateVector(p)
```

▶ **例 2.1.4**　试用条件分布法产生 p 维正态分布向量 $X = (X_1, X_2) \sim N_p(\boldsymbol{\mu}, \Sigma)$ 的随机数, 其中

$$\boldsymbol{\mu} = \begin{pmatrix} \boldsymbol{\mu}_1 \\ \boldsymbol{\mu}_2 \end{pmatrix}, \quad \Sigma = \begin{pmatrix} \Sigma_{11} & \Sigma_{12} \\ \Sigma_{21} & \Sigma_{22} \end{pmatrix}$$

且 X_1 和 X_2 分别为 k 和 $p-k$ 维向量.

首先证明给定 $X_2 = x_2$, X_1 的条件分布是 $N_k(\boldsymbol{\mu}_1 + \Sigma_{12}\Sigma_{22}^{-1}(x_2 - \boldsymbol{\mu}_2), \Sigma_{11} - \Sigma_{12}\Sigma_{22}^{-1}\Sigma_{12}^T)$. 对 X_1 和 X_2 作线性变换, 令

$$\begin{cases} Y_1 = X_1 - \Sigma_{12}\Sigma_{22}^{-1}X_2 \\ Y_2 = X_2 \end{cases}$$

则 (Y_1, Y_2) 仍然服从正态分布. 接下来说明 Y_1 与 Y_2 独立, 也就是 $\mathrm{Cov}(Y_1, Y_2) = 0$ 成立. 令 $A = -\Sigma_{12}\Sigma_{22}^{-1}$, 则

$$\begin{aligned}\mathrm{Cov}(Y_1,Y_2) &= E(Y_1Y_2^T)-E(Y_1)E^T(Y_2)\\ &= E((X_1+AX_2)X_2^T)-(\boldsymbol{\mu}_1+A\boldsymbol{\mu}_2)\boldsymbol{\mu}_2^T\\ &= E(X_1X_2^T)+AE(X_2X_2^T)-\boldsymbol{\mu}_1\boldsymbol{\mu}_2^T-A\boldsymbol{\mu}_2\boldsymbol{\mu}_2^T\\ &= (E(X_1X_2^T)-\boldsymbol{\mu}_1\boldsymbol{\mu}_2^T)+A(E(X_2X_2^T)-\boldsymbol{\mu}_2\boldsymbol{\mu}_2^T)\\ &= \Sigma_{12}+A\Sigma_{22}=\Sigma_{12}-\Sigma_{12}\Sigma_{22}^{-1}\Sigma_{22}=0\end{aligned}$$

正态分布 Y_1 的均值和方差分别为

$$\begin{aligned}E(X_1-\Sigma_{12}\Sigma_{22}^{-1}X_2) &= E(X_1)-\Sigma_{12}\Sigma_{22}^{-1}E(X_2)\\ &= \boldsymbol{\mu}_1-\Sigma_{12}\Sigma_{22}^{-1}\boldsymbol{\mu}_2\mathrm{Var}(X_1-\Sigma_{12}\Sigma_{22}^{-1}X_2)\\ &= \mathrm{Var}(X_1)+\Sigma_{12}\Sigma_{22}^{-1}\mathrm{Var}(X_2)(\Sigma_{12}\Sigma_{22}^{-1})^T\\ &\quad -2\Sigma_{12}\Sigma_{22}^{-1}\mathrm{Cov}(X_1,X_2)\\ &= \Sigma_{11}+\Sigma_{12}\Sigma_{22}^{-1}\Sigma_{22}\Sigma_{22}^{-1}\Sigma_{12}^T-2\Sigma_{12}\Sigma_{22}^{-1}\Sigma_{12}^T\\ &= \Sigma_{11}-\Sigma_{12}\Sigma_{22}^{-1}\Sigma_{12}^T\end{aligned}$$

注意到 $X_2=Y_2$ 与 Y_1 独立, $X_1=Y_1+\Sigma_{12}\Sigma_{22}^{-1}X_2$ 可得

$$\begin{aligned}E(X_1|X_2=x_2) &= E(Y_1+\Sigma_{12}\Sigma_{22}^{-1}X_2|X_2=x_2)\\ &= E(Y_1)+\Sigma_{12}\Sigma_{22}^{-1}x_2=\boldsymbol{\mu}_1+\Sigma_{12}\Sigma_{22}^{-1}(x_2-\boldsymbol{\mu}_2)\mathrm{Var}(X_1|X_2=x_2)\\ &= \mathrm{Var}(Y_1+\Sigma_{12}\Sigma_{22}^{-1}X_2|X_2=x_2)\\ &= \mathrm{Var}(Y_1)=\Sigma_{11}-\Sigma_{12}\Sigma_{22}^{-1}\Sigma_{12}^T\end{aligned}$$

因此, 在给定 $X_2=x_2$ 时, $X_1=Y_1+\Sigma_{12}\Sigma_{22}^{-1}X_2$ 的条件分布是 $N_k(\boldsymbol{\mu}_1+\Sigma_{12}\Sigma_{22}^{-1}(x_2-\boldsymbol{\mu}_2),\Sigma_{11}-\Sigma_{12}\Sigma_{22}^{-1}\Sigma_{12}^T)$. 可通过条件分布法产生 p 维正态分布向量 $(X_1,X_2)\sim N_p(\boldsymbol{\mu},\Sigma)$ 的随机数.

以 $p=2$, $k=1$ 为例, 选择 $\boldsymbol{\mu}=(0,0)^T$, $\mathrm{Var}(X_1)=1$, $\mathrm{Var}(X_2)=2$, X_1 与 X_2 的相关系数为 0.8. 产生 1 000 组正态分布随机数的 R 程序如下:

```
set.seed(1)
rep=1000
xi=matrix(0,rep,2)
mu1=mu2=0
sigma11=1
sigma22=0.2
rho=0.8
sigma12=sigma21=rho*sqrt(sigma11*sigma22)
sigma_c=sigma11-sigma12*sigma22^(-1)*sigma21
for (i in 1:rep){
x2=rnorm(1,mu2,sigma22^0.5)
mu_c=mu1+sigma12*sigma22^(-1)*(x2-mu2)
x1=rnorm(1,mu_c,sigma_c^0.5)
xi[i,]=c(x1,x2)
}
```

2.1.3 舍选抽样法

随机向量随机数的舍选抽样法是随机变量舍选法的直接推广.

定理 2.1.2 设随机向量 $(\xi_1,\xi_2,\cdots,\xi_p)$ 在平行多面体 $a_i \leqslant x_i \leqslant b_i (i=1,2,\cdots,p)$ 上取值, 联合密度函数 $f(x_1,x_2,\cdots,x_p)$ 的上界为

$$f_0 = \sup_{a_i \leqslant x_i \leqslant b_i} f(x_1,x_2,\cdots,x_p) < \infty$$

按照下列方法产生随机向量:

(1) 从 $U(0,1)$ 中独立产生随机数 $U_0,U_1,\cdots,U_p$;

(2) 如果 $U_0,U_1,\cdots,U_p$ 满足 $U_0 f_0 \leqslant f((b_1-a_1)U_1+a_1,\cdots,(b_n-a_n)U_n+a_n)$, 则令 $\xi_1=(b_1-a_1)U_1+a_1,\cdots,\xi_p=(b_p-a_p)U_p+a_p$.

则由上述步骤产生的随机向量 $(\xi_1,\xi_2,\cdots,\xi_p)$ 的联合密度函数为 $f(x_1,x_2,\cdots,x_p)$.

证明 如果 $a_1=a_2=\cdots=a_p=0$ 和 $b_1=b_2=\cdots=b_p=1$. 根据上述抽样步骤, 可知 $(\xi_1,\xi_2,\cdots,\xi_p)$ 的联合分布函数为

$$\begin{aligned}
&P(\xi_1 \leqslant x_1,\xi_2 \leqslant x_2,\cdots,\xi_p \leqslant x_p)\\
&=P\{U_1 \leqslant x_1,U_2 \leqslant x_2,\cdots,U_p \leqslant x_p \mid U_0 f_0 \leqslant f(U_1,U_2,\cdots,U_p)\}\\
&=\frac{P\{U_0 \leqslant f(U_1,U_2,\cdots,U_p)/f_0, U_1 \leqslant x_1,U_2 \leqslant x_2,\cdots,U_p \leqslant x_p\}}{P\{U_0 \leqslant f(U_1,U_2,\cdots,U_p)/f_0\}}\\
&=\frac{\displaystyle\int_0^{x_1}\cdots\int_0^{x_p}\int_0^{f(u_1,u_2,\cdots,u_p)/f_0} \mathrm{d}u_0\mathrm{d}u_p\cdots\mathrm{d}u_1}{\displaystyle\int_0^{1}\cdots\int_0^{1}\int_0^{f(u_1,u_2,\cdots,u_p)/f_0} \mathrm{d}u_0\mathrm{d}u_p\cdots\mathrm{d}u_1}\\
&=\frac{\displaystyle\int_0^{x_1}\cdots\int_0^{x_p} f(u_1,u_2,\cdots,u_p)/f_0\mathrm{d}u_p\cdots\mathrm{d}u_1}{\displaystyle\int_0^{1}\cdots\int_0^{1} f(u_1,u_2,\cdots,u_p)/f_0\mathrm{d}u_p\cdots\mathrm{d}u_1}\\
&=\int_0^{x_1}\cdots\int_0^{x_p} f(u_1,u_2,\cdots,u_p)\mathrm{d}u_p\cdots\mathrm{d}u_1
\end{aligned}$$

求导得 $(\xi_1,\xi_2,\cdots,\xi_p)$ 的联合密度函数为 $f(x_1,x_2,\cdots,x_p)$. 对于任意的 (a_i,b_i) $(i=1,2,\cdots,p)$, 可类似证明, 定理 2.1.2 得证.

▶ **例 2.1.5** 产生密度函数 $f(x_1,x_2)(-1<x_1<1,-1<x_2<1)$ 的随机数, 其中

$$f(x_1,x_2)=\begin{cases}\dfrac{1}{\pi}, & x_1^2+x_2^2<1\\ 0, & \text{其他}\end{cases}$$

注意到 $f_0=\sup\limits_{x_1,x_2} f(x_1,x_2)=1/\pi$, 且 $-1<x_1<1,-1<x_2<1$, 可根据舍选抽样法得到密度函数 $f(x_1,x_2)$ 的随机数, 具体步骤如下:

(1) 独立产生服从 [0,1] 区间上的均匀分布的随机数 U_0,U_1,U_2;

(2) 计算 $X_1=2U_1-1, X_2=2U_2-1$, 则 $X_1 \sim U[-1,1], X_2 \sim U[-1,1]$;

(3) 如果 $U_0 f_0 = U_0/\pi \leqslant f(X_1, X_2) = I(X_1^2 + X_2^2 < 1)/\pi$, 也就是 $U_0 \leqslant I(X_1^2 + X_2^2 < 1)$, 等价的 $X_1^2 + X_2^2 < 1$, 则得到随机数 (X_1, X_2).

产生 1 000 组密度函数为 $f(x_1, x_2) = I(x_1^2 + x_2^2 < 1)/\pi$ 的随机数的程序如下:

```
set.seed(1)
n=1000
XY = c()
for (i in 1:n) {
  r = 2
  while(r>=1){
    u1 = runif(1)
    u2 = runif(1)
    X1 = 2*u1-1;
    Y1 = 2*u2-1
    r = X1^2 + Y1^2
  }
  XY = rbind(XY,c(X1,Y1))
}
```

▶ **例 2.1.6** 试用舍选抽样法产生联合密度函数为 $f(x_1, x_2, \cdots, x_p) = x_1^{p-1} + x_2^{p-1} + \cdots + x_p^{p-1}$ $(x_i \in [0,1], i = 1, 2, \cdots, p)$ 的随机数.

从随机变量的联合密度函数和 $x_i \in [0,1] (i = 1, 2, \cdots, n)$ 可得, $f(x_1, x_2, \cdots, x_p) = x_1^{p-1} + x_2^{p-1} + \cdots + x_p^{p-1} < p = f_0$. 由此, 可以按照下列方法产生随机向量:

(1) 产生 $p+1$ 个均匀随机数 $r_0, r_1, \cdots, r_p \sim U[0,1]$;

(2) 若 $f_0 r_0 \leqslant f(r_1, r_2, \cdots, r_p)$, 则 $x = (r_1, r_2, \cdots, r_p)$, 否则转到步骤 1;

(3) 则随机向量 $(x_1, x_2, \cdots, x_p) = (r_1, r_2, \cdots, r_p)$.

设置 $p = 5$, 产生密度函数 $f(x_1, x_2, \cdots, x_p) = x_1^{p-1} + x_2^{p-1} + \cdots + x_p^{p-1}$ $(x_i \in [0,1], i = 1, 2, \cdots, p)$ 的随机数 $(x_1, x_2, \cdots, x_p)$ 的程序如下:

```
set.seed(1)
p=5
point = 0
f0 = p
while(point == 0){
r0 = runif(1)
r = runif(p)
f = 0
for(i in 1:p){
f = f + r[i]^(p-1)
}
if(f0*r0<f){point = 1}
}
x = r
```

2.2 离散随机向量随机数的抽样法

条件分布法是比较常用的产生离散随机向量随机数的抽样方法.

条件分布法

如果二维离散随机向量 (X,Y) 的分布列为 $P(X=x_i,Y=y_j)=p_{ij}(i,j=1,2,\cdots)$, 关于 X 和 Y 的边际分布列分别是

$$P(X=x_i)=\sum_j p_{ij}=p_{i\cdot},\quad i=1,2,\cdots$$

和

$$P(Y=y_j)=\sum_i p_{ij}=p_{\cdot j},\quad j=1,2,\cdots$$

给定 $Y=y_j$, 若 $p_{\cdot j}>0$, 则

$$P(X=x_i|Y=y_j)=\frac{P(X=x_i,Y=y_j)}{P(Y=y_j)}=\frac{p_{ij}}{p_{\cdot j}},\quad i=1,2,\cdots$$

为 $Y=y_j$ 的条件下随机变量 X 的条件分布列. 给定 $X=x_i$, 若 $p_{i\cdot}>0$, 则

$$P(Y=y_j|X=x_i)=\frac{P(X=x_i,Y=y_j)}{P(X=x_i)}=\frac{p_{ij}}{p_{\cdot i}},\quad j=1,2,\cdots$$

为 $X=x_i$ 的条件下随机变量 Y 的条件分布列. 用条件分布法比较容易产生二维离散随机向量 (X,Y) 的随机数.

▶ **例 2.2.1** 有三个篮子 A, B, C, 现把三个球等可能地放入三个篮子中, 每个篮子可容球数无限制, 记 X 为落入 A 篮子的球数, Y 为落入 B 篮子的球数, 试产生 (X,Y) 分布的随机数.

首先写出 X 的分布列:

$$P(X=i)=C_3^i\left(\frac{1}{3}\right)^i\left(\frac{2}{3}\right)^{3-i},\quad i=0,1,2,3$$

给定 X 时, Y 的条件分布列为

$$P(Y=j\mid X=i)=C_{3-i}^j\left(\frac{1}{2}\right)^j\left(\frac{1}{2}\right)^{3-i-j},\quad i=0,1,2,3;\quad j=0,\cdots,3-i$$

(X,Y) 的联合分布列为

$$\begin{aligned}&P(X=i,Y=j)=P(X=i)P(Y=j|X=i)\\=&C_3^i\left(\frac{1}{3}\right)^i\left(\frac{2}{3}\right)^{3-i}\cdot C_{3-i}^j\left(\frac{1}{2}\right)^j\left(\frac{1}{2}\right)^{3-i-j},\quad i=0,1,2,3;\ j=0,\cdots,3-i\end{aligned}$$

产生 100 组 (X,Y) 分布随机数的程序如下:

```
set.seed(1)
X=c(0,1,2,3)
prob_x = choose(3,X)*(1/3)^X*(2/3)^(3-X) #确定离散分布律
Fx=cumsum(prob_x) #确定分布函数
n = 100 #确定产生随机数的个数
data=matrix(0,n,2)
for (i in 1:n){
r1=runif(1,0,1)
if (r1<=prob_x[1]){
x=X[1]
}else{
x=X[min(which(Fx>=r1))]
}
Y=seq(0,3-x,1)
prob_cy=choose(3-x,Y)*(1/2)^Y*(1/2)^(3-x-Y)
Fcy=cumsum(prob_cy) #确定分布函数
r2=runif(1,0,1)
if (r2<=prob_cy[1]){
y=Y[1]
}else{
y=Y[min(which(Fcy>=r2))]
}
data[i,]=matrix(c(x,y),1,2)
}
table(data[,1])/n
table(data[,2])/n
```

▶ **例 2.2.2** 现有一个装有 r 种颜色球的盒子, 每种颜色球的比例为 $p_1,p_2,\cdots,p_r\left(\sum\limits_{i=1}^{r}p_i=1\right)$. 现有放回地从盒子中随机抽取球, 抽取 n 次, 以 X_i 记抽出第 i 种颜色的球的个数, 试产生 $(X_1,X_2,\cdots,X_r)$ 分布的随机数.

随机向量 $(X_1,X_2,\cdots,X_r)$ 的联合分布为

$$P(X_i=x_i,i=1,2,\cdots,r)=\frac{n!}{x_1!x_2!\cdots x_r!}p_1^{x_1}p_2^{x_2}\cdots p_r^{x_r}$$

其中, $\sum\limits_{i=1}^{r}x_i=n$. 用条件分布法产生随机数, X_1 服从参数为 (n,p_1) 的二项分布. 给定 $X_1=x_1$, X_2 的条件分布服从参数为 $(n-x_1,p_2/(1-p_1))$ 的二项分布. 同理, $X_j|X_1,X_2,\cdots,X_{j-1}$ 服从参数为 $\left(n-\sum\limits_{i=1}^{j-1}x_i,p_j/\sum\limits_{i=j}^{r}p_i\right)$ 的二项分布. 因此, 可按下列步骤产生随机向量 $(X_1,X_2,\cdots,X_r)$

的随机数:

(1) 产生随机数 X_1 服从参数为 (n, p_1) 的二项分布;

(2) 给定 $X_1, X_2, \cdots, X_{j-1}$, 依次产生随机数 $X_j|X_1, X_2, \cdots, X_{j-1}(j = 2, \cdots, r)$, 服从参数为 $\left(n - \sum\limits_{i=1}^{j-1} x_i, p_j / \sum\limits_{i=j}^{r} p_i\right)$ 的二项分布.

设置 $r = 4$, $(p_1, p_2, p_3, p_4) = (0.1, 0.2, 0.3, 0.4)$, $n = 50$, 产生 1 000 组 (X_1, X_2, X_3, X_4) 分布随机数的程序如下:

```
set.seed(1)
n=50
r = 4
pi = c(0.1,0.2,0.3,0.4)
x = c()
tx = rep(0,r)
for(t in 1:1000){
tx = sum(rbinom(n,1,pi[1]))
for(i in 2:r){
tx[i] = sum(rbinom(n-sum(tx[1:(i-1)]),1,pi[i]
/sum(pi[i:r])))
}
x = rbind(x,tx)
}
apply(x,2,mean)
```

上述条件分布法如果 r 较小, 不需要计算太多的条件分布, 生成随机向量的随机数计算起来很方便. 如果 r 比较大, 基于直接生成 n 次试验结果来产生随机数更为方便. 也就是说, 令具有分布列为 $P(Y = i) = p_i(i = 1, 2, \cdots, r)$ 的离散分布为 Y, 从分布 Y 中独立产生随机数 $Y_1, Y_2, \cdots, Y_n$, 则生成的随机向量 $(X_1, X_2, \cdots, X_r)$ 中分量 X_i 的随机数为

$$X_i = \sum_{j=1}^{n} I(Y_j = i), \quad i = 1, 2, \cdots, r$$

这里 X_i 为取到第 i 种颜色球的次数.

设置 $r = 20$, $n = 50$, $(p_1, \cdots, p_{10}, p_{11}, \cdots, p_{20}) = (0.02, \cdots, 0.02, 0.08, \cdots, 0.08)$, 产生 $(X_1, X_2, \cdots, X_r)$ 分布随机数的程序如下:

```
set.seed(1)
n=50
r = 20
pi = c(rep(0.02,10),rep(0.08,10))
Fx=cumsum(pi)
y=NULL
for (i in 1:n){
```

```
r0=runif(1,0,1)
if (r0<=pi[1]){
y[i]=1
}
else y[i]=min(which(Fx>=r0))
}
x = c()
for(i in 1:r){
x = c(x,sum(y==i))
}
```

习题

2.1 设 $\alpha \sim \mathrm{U}(0,2\pi)$, $R \sim \mathrm{Exp}(0.5)$ 且独立于 α, 这里 $U(0,2\pi)$ 和 $\mathrm{Exp}(0.5)$ 分别表示 $[0,2\pi]$ 上的均匀分布和参数为 0.5 的指数分布. 若有

$$X=\sqrt{R}\cos\alpha,\quad Y=\sqrt{R}\sin\alpha$$

证明 X, Y 相互独立且分别服从 $N(0,1)$ 分布. 利用以上方法结合随机向量生成方法, 设计算法生成二维标准正态分布的随机数.

2.2 生成样本量 $n=1\ 000$、服从以下二维分布函数的随机数

$$F(x,y)=1-e^{-2x}-e^{-2y}+e^{-2(x+y)},\quad x>0, y>0$$

2.3 分别使用条件分布法和变换抽样法生成 1 000 个服从分布 $N(\mu,\Sigma)$ 的随机向量 $X=(X_1,X_2)^T$, 这里

$$\mu=\begin{pmatrix}1\\1\end{pmatrix},\quad \Sigma=\begin{pmatrix}1 & -0.5\\-0.5 & 1\end{pmatrix}$$

2.4 生成密度函数如下的三维随机向量:

$$f(x_1,x_2,x_3)=\frac{3}{4\pi},\quad x_1^2+x_2^2+x_3^2<1$$

2.5 设坛子中有 n 个不同颜色的球, 共计 r 种颜色, 其中第 i 种颜色的球有 n_i 个, $n=\sum\limits_{i=1}^{r}n_i$. 从坛子中随机无放回地抽取 m 个球, 设随机变量 X_i 表示取出的第 i 种颜色的球的个数, 试产生随机向量 $(X_1,X_2,\cdots,X_r)^T$ 的随机数.

第3章

参数估计数值计算

参数是对总体特征的概括性度量，常常基于样本的特征来推断总体的特征. 根据样本信息来推断总体的特征，这一过程称为统计推断. 统计推断的重要内容之一是用样本统计量估计总体参数，即参数估计. 统计量的概率分布称为抽样分布. 关于参数估计的性质，就是在抽样分布的基础上，根据抽样分布的特征研究参数估计的性质，比如用样本均值估计总体均值，用样本方差估计总体方差，用样本比例估计总体比例等.

参数估计分为点估计和区间估计. 点估计是用样本统计量的某个取值直接作为总体参数的估计值，不同样本对应不同的估计值. 点估计恰好为参数真值几乎是不可能的. 比如在连续总体场合，点估计恰好取到参数真值的概率为 0. 因此，在点估计的基础上，给出一个随机区间，使得这个区间包含参数真值的概率尽可能大，这就是参数的区间估计.

3.1 点估计数值计算

对总体参数的估计，构造估计量的方法有矩估计法、顺序统计量法、最大似然法、最小二乘法等. 评价估计量优劣的标准主要有无偏性、有效性和一致性. 如果用估计量 $\widehat{\theta}$ 来估计参数 θ，无偏性是指 $E(\widehat{\theta})=\theta$，即估计量抽样分布的数学期望等于被估计的参数真值. 有效性是指对同一总体参数的两个无偏点估计量 $\widehat{\theta}_1$ 和 $\widehat{\theta}_2$，如果有 $\mathrm{Var}(\widehat{\theta}_1)\leqslant\mathrm{Var}(\widehat{\theta}_2)$，则称 $\widehat{\theta}_1$ 比 $\widehat{\theta}_2$ 更有效. 一致性是指随着样本容量的增大，估计量的值越来越接近被估计的总体参数.

对于点估计，数值模拟的目的主要有：计算点估计的期望是否接近真实值；计算点估计的方差；计算点估计抽样分布的其他数字特征等. 对于感兴趣的参数 θ，基于样本 $X_1,X_2,\cdots,X_n$ 的估计为 $\widehat{\theta}(X_1,X_2,\cdots,X_n)$，一般来说需要计算 $E(\widehat{\theta}(X_1,X_2,\cdots,X_n))$ 和 $\mathrm{Var}(\widehat{\theta}(X_1,X_2,\cdots,X_n))$. 如果期望和方差不容易计算，可考虑基于数值模拟的方法得到相应估计 $\widehat{E}(\widehat{\theta}(X_1,X_2,\cdots,X_n))$ 和 $\widehat{\mathrm{Var}}(\widehat{\theta}(X_1,X_2,\cdots,X_n))$. 基本思路为，通过从 $\widehat{\theta}(X_1,X_2,\cdots,X_n)$ 的抽样分布中抽取样本，用样本的均值和方差估计总体分布 $\widehat{\theta}(X_1,X_2,\cdots,X_n)$ 的均值和方差. 具体步骤如下：

(1) 从总体 X 中随机生成数据 $X_{11},X_{12},\cdots,X_{1n}$，基于这个数据得到 θ 的估计 $\widehat{\theta}(X_{11},X_{12},\cdots,X_{1n})$，记为 $\widehat{\theta}^{(1)}$；

(2) 重复上述步骤 K 次，相应得到 $\widehat{\theta}^{(1)},\widehat{\theta}^{(2)},\cdots,\widehat{\theta}^{(K)}$；

(3) 用样本 $\widehat{\theta}^{(1)},\widehat{\theta}^{(2)},\cdots,\widehat{\theta}^{(K)}$ 的均值和方差估计总体 $\widehat{\theta}(X_1,X_2,\cdots,X_n)$ 的均值和方差，也就是

$$\widehat{E}(\widehat{\theta}(X_1, X_2, \cdots, X_n)) = \frac{1}{K}\sum_{k=1}^{K}\widehat{\theta}^{(k)} =: \widehat{E}(\widehat{\theta})$$

$$\widehat{\mathrm{Var}}(\widehat{\theta}(X_1, X_2, \cdots, X_n)) = \frac{1}{K-1}\sum_{k=1}^{K}(\widehat{\theta}^{(k)} - \widehat{E}(\widehat{\theta}))^2$$

如果期望 $E(\widehat{\theta}(X_1, X_2, \cdots, X_n))$ 或方差 $\mathrm{Var}(\widehat{\theta}(X_1, X_2, \cdots, X_n))$ 的理论值容易计算, 可通过数值估计和理论值的差距来验证理论计算的正确性.

▶ **例 3.1.1** 设 $X_1, X_2, \cdots, X_n$ 是来自总体 $N(\mu, \sigma^2)$ 的样本, 均值 μ 的估计为 $\overline{X} = \frac{1}{n}\sum_{i=1}^{n} X_i$. 验证 $\overline{X}$ 的期望和方差分别为 μ 和 σ^2/n.

在正态分布 $N(\mu, \sigma^2)$ 中独立产生 K 个容量为 n 的样本 $X_1^{(k)}, X_2^{(k)}, \cdots, X_n^{(k)}(k = 1, 2, \cdots, K)$, 对于第 k 个样本, 均值估计量记为 $\overline{X}^{(k)}$. 可得 $\overline{X}$ 期望和方差的估计为

$$\widehat{E}(\overline{X}) = \frac{1}{K}\sum_{k=1}^{K}\overline{X}^{(k)}$$

$$\widehat{\mathrm{Var}}(\overline{X}) = \frac{1}{K-1}\sum_{k=1}^{K}(\overline{X}^{(k)} - \widehat{E}(\overline{X}))^2$$

理论上, 估计量 $\widehat{E}(\overline{X})$ 的方差为 $(nK-1)^{-1}\sigma^2$. 因此, 可以调整重复产生样本的数量 K 来提高估计的有效性.

综上, 本例的模拟思路可归结为: (1) 产生与 $\overline{X}$ 同分布的一组样本 $\{\overline{X}^{(1)}, \overline{X}^{(2)}, \ldots, \overline{X}^{(K)}\}$; (2) 通过计算样本 $\{\overline{X}^{(1)}, \overline{X}^{(2)}, \ldots, \overline{X}^{(K)}\}$ 的均值和方差得到 $\overline{X}$ 期望和方差的估计. 设置 $n = 500$, $\mu = 0$, $\sigma = 1$, $K = 1\ 000$, 对本例进行 R 程序计算如下:

```
set.seed(1)
K=1000 #循环次数
n=500 #样本量
mu=0
sigma=1
resu=matrix(0,K,1)
for (i in 1:K){
data=rnorm(n,0,1)
resu[i]=mean(data) #第i组样本计算的均值估计
}
c(mean(resu),mu) #估计的bar X 的均值和参数真值
c(var(resu),sigma/n) #估计的bar X 的方差和理论方差
```

▶ **例 3.1.2** 设 $(X_1, X_2) \sim N(0, I_2)$, I_2 为 2 维单位阵, 估计 $\theta_1 = E(|X_1 - X_2|)$ 和 $\theta_2 = \mathrm{Var}(|X_1 - X_2|)$.

基于样本 $(X_{1i}, X_{2i})(i = 1, 2, \cdots, n)$, 不难得到 θ_1, θ_2 的估计:

$$\widehat{\theta}_1 = \frac{1}{n}\sum_{i=1}^{n}|X_{1i}^{(1)} - X_{2i}^{(1)}|, \quad \widehat{\theta}_2 = \frac{1}{n-1}\sum_{i=1}^{n}(|X_{1i}^{(1)} - X_{2i}^{(1)}| - \widehat{\theta}_1^{(1)})^2$$

通过计算可得

$$E(\widehat{\theta}_1) = \theta_1 = 2/\sqrt{\pi}, \quad E(\widehat{\theta}_2) = \theta_2 = 2 - 4/\pi$$

也可通过数值模拟估计 $E(\widehat{\theta}_1)$ 和 $E(\widehat{\theta}_2)$, 具体步骤如下:

(1) 从总体 $N(0, I_2)$ 中产生样本 $(X_{1i}^{(1)}, X_{2i}^{(1)})(i = 1, 2, \cdots, n)$, 基于此样本得到 θ_1 和 θ_2 的估计:

$$\widehat{\theta}_1^{(1)} = \frac{1}{n}\sum_{i=1}^{n}|X_{1i}^{(1)} - X_{2i}^{(1)}| \quad \text{和} \quad \widehat{\theta}_2^{(1)} = \frac{1}{n-1}\sum_{i=1}^{n}(|X_{1i}^{(1)} - X_{2i}^{(1)}| - \widehat{\theta}_1^{(1)})^2$$

(2) 重复上述步骤 K 次, 相应得到估计 $\widehat{\theta}_1^{(k)}$ 和 $\widehat{\theta}_2^{(k)}(k = 1, 2, \cdots, K)$.

(3) 计算 $E(\widehat{\theta}_1)$ 和 $E(\widehat{\theta}_2)$ 的估计为

$$\widehat{E}(\widehat{\theta}_1) = \frac{1}{K}\sum_{k=1}^{K}\widehat{\theta}_1^{(k)} \quad \text{和} \quad \widehat{E}(\widehat{\theta}_1) = \frac{1}{K}\sum_{k=1}^{K}\widehat{\theta}_2^{(k)}$$

选择 $n = 50$, $K = 1\ 000$, R 程序计算如下:

```
set.seed(1)
library(MASS)
K=1000
n=50
theta1=matrix(0,K,1)
theta2=matrix(0,K,1)
for (i in 1:K){
data=mvrnorm(n,c(0,0),diag(2))
theta1[i]=mean(abs(data[,1]-data[,2]))
theta2[i]=var(abs(data[,1]-data[,2]))
}
c(mean(theta1),2/(sqrt(pi))) #估计的|X1-X2|的均值和参数真值
c(mean(theta2),2-4/pi) #估计的|X1-X2|的方差和参数真值
```

对于参数 θ 的一个估计量 $\widehat{\theta}$, 我们希望估计量与参数真值之间的差异 $|\widehat{\theta} - \theta|$ 比较小. 由于 $\widehat{\theta}$ 是随机变量, 为了消除随机性, 我们使用 $E(\widehat{\theta} - \theta)^2$ 来衡量 $\widehat{\theta}$ 与参数 θ 之间的差异, 这一度量称为均方误差 (Mean Square Error, MSE). 蒙特卡罗方法可以用于计算估计量的 MSE.

▶ **例 3.1.3** 设 $X_1, X_2, \cdots, X_n$ 是来自标准正态分布在区间 $[0, 1]$ 截尾后的样本, 无妨记该截尾分布为 $X_{[0,1]}$, 则分布 $X_{[0,1]}$ 的均值 θ 的估计为 $\widehat{\theta} = \sum_{i=1}^{n} X_i/n$. 计算期望估计 $\widehat{\theta}$ 的 MSE, 也就是 $\mathrm{E}(\widehat{\theta} - \theta)^2$.

首先计算截尾正态分布的期望 $\theta = E(X_{[0,1]})$. 设 X 服从正态分布 $N(\mu, \sigma^2)$, 概率密度函数为

$$f(x) = \frac{1}{\sqrt{2\pi}\sigma}\exp\left(-\frac{(x-\mu)^2}{2\sigma^2}\right)$$

求导有

$$f'(x)=\frac{1}{\sqrt{2\pi}\sigma}\left(-\frac{x-\mu}{\sigma^2}\right)\exp\left(-\frac{(x-\mu)^2}{2\sigma^2}\right)=-\frac{x-\mu}{\sigma^2}p(x)$$

相应的分布函数记为 $F(x)$. 如果限制 X 在 (a,b) 区间取值, 则密度函数为

$$f_1(x;\mu,\sigma,a,b)=\frac{f(x)}{F(b)-F(a)}$$

则正态分布 $N(\mu,\sigma^2)$ 在 $[a,b]$ 上截尾分布 $X_{[\mu,\sigma,a,b]}$ 的数学期望为

$$\begin{aligned}E(X_{[\mu,\sigma^2;a,b]})&=\int_a^b x\frac{f(x)}{F(b)-F(a)}\mathrm{d}x\\&=\int_a^b(x-\mu+\mu)\frac{f(x)}{F(b)-F(a)}\mathrm{d}x\\&=\mu+\frac{-\sigma^2}{F(b)-F(a)}\int_a^b-\frac{x-\mu}{\sigma^2}f(x)\mathrm{d}x\\&=\mu+\frac{-\sigma^2}{F(b)-F(a)}\int_a^b f'(x)\mathrm{d}x=\mu-\sigma^2\frac{f(b)-f(a)}{F(b)-F(a)}\end{aligned}$$

本例中, $\mu=0$, $\sigma=1$, $a=0$, $b=1$, 则

$$\theta=E(X_{[0,1]})=\frac{\phi(0)-\phi(1)}{\Phi(1)-0.5}$$

下面用数值分析方法给出均值估计的均方误差 MSE, 具体步骤如下:

(1) 从截尾正态分布中产生 K 组样本 $\{X_1^{(k)},X_2^{(k)},\ldots,X_n^{(k)}\}(k=1,2,\cdots,K)$, 并计算每组样本下的均值:

$$\widehat{\theta}^{(k)}=\frac{1}{n}\sum_{i=1}^{n}X_i^{(k)},\quad k=1,2,\cdots,K$$

(2) MSE 的估计为

$$\widehat{E}(\widehat{\theta}-\theta)^2=\frac{1}{K}\sum_{k=1}^{K}(\widehat{\theta}^{(k)}-\theta)^2$$

选择样本量 $n=50$, $K=1\ 000$, R 程序计算如下:

```
set.seed(1)
library(truncnorm) #加载关于截尾正态分布的R包
K=1000
n=50
mu=0
sigma=1
a=0
b=1
thetahat=matrix(0,K,1)
theta=(dnorm(0,0,1)-dnorm(1,0,1))/(pnorm(1,0,1)-0.5)
for (i in 1:K){
data=rtruncnorm(n,0,1,0,1)
thetahat[i]=mean(data) #第i组样本的均值
```

```
}
MSE=mean((thetahat-theta)^2) #计算MSE
```

实际上, 除了估计量的均值、方差和均方误差, 可能还对估计量的其他性质感兴趣, 比如偏度、峰度等. 如果知道估计量的分布, 估计量的特征可以基于分布性质得到. 但是在很多情况下, 统计量的理论分布很难计算, 可以借助数值模拟的方法获取统计量的近似分布. 假设 $X_1, X_2, \cdots, X_n$ 是从某总体 X 中独立抽取的样本, 感兴趣的参数 θ 的估计量记为 $\widehat{\theta} = \widehat{\theta}(X_1, X_2, \cdots, X_n)$, 通过如下步骤模拟 $\widehat{\theta}$ 的近似分布:

(1) 从总体 X 中抽取随机样本 $X_1^{(1)}, X_2^{(2)}, \cdots, X_n^{(1)}$, 基于此样本得到估计 $\widehat{\theta}^{(1)} = \widehat{\theta}(X_1^{(1)}, X_2^{(2)}, \cdots, X_n^{(1)})$;

(2) 重复上述步骤 K 次, 得到 K 组样本 $\{X_1^{(k)}, X_2^{(k)}, \cdots, X_n^{(k)}\}(k = 1, 2, \cdots, K)$, 相应地计算 $\widehat{\theta}^{(k)}$;

(3) 关于参数估计量 $\widehat{\theta}$ 的分布, 可以通过 $\widehat{\theta}^{(k)}(k = 1, 2, \cdots, K)$ 形成的分布近似.

3.2 置信区间估计数值计算

区间估计在点估计的基础上给出总体参数估计的一个区间范围, 该区间通常由样本统计量、抽样误差和置信水平计算得到. 区间估计对样本统计量与总体参数的接近程度给出一个度量. 下面给出参数置信区间的定义.

定义 3.2.1　对感兴趣的总体参数 θ, 设 $X_1, X_2, \cdots, X_n$ 是来自该总体的一个样本, 对给定的 $\alpha(0 < \alpha < 1)$, 确定两个统计量 $\widehat{\theta}_L = \widehat{\theta}_L(X_1, X_2, \cdots, X_n)$ 与 $\widehat{\theta}_U = \widehat{\theta}_U(X_1, X_2, \cdots, X_n)$, 使得

$$P_\theta(\widehat{\theta}_L \leqslant \theta \leqslant \widehat{\theta}_U) \geqslant 1 - \alpha$$

则称随机区间 $[\widehat{\theta}_L, \widehat{\theta}_U]$ 是 θ 的置信水平为 $1-\alpha$ 的置信区间, 或简称 $[\widehat{\theta}_L, \widehat{\theta}_U]$ 是 θ 的 $1-\alpha$ 置信区间.

置信区间 $[\widehat{\theta}_L, \widehat{\theta}_U]$ 包含参数真值的概率 (或覆盖率) 可记为

$$\text{Prob} = P_\theta(\widehat{\theta}_L \leqslant \theta \leqslant \widehat{\theta}_U) \tag{3.2.1}$$

置信水平 $1-\alpha$ 可作为衡量置信区间可靠度的一个标准. 可以将很宽的一个区间作为置信区间, 虽然该区间的置信度很高, 但是很不精确, 而且不同的样本得到的置信区间不一样, 因此还应考虑区间估计的精确度如何度量. 对于置信区间的精确度, 通常采用置信区间的平均值或平均长度, 即

$$\text{Inter} = [E(\widehat{\theta}_L), E(\widehat{\theta}_U)], \text{ 或 } E(\widehat{\theta}_U) - E(\widehat{\theta}_L) \tag{3.2.2}$$

对于同一个参数 θ 的不同置信区间, 在覆盖率 Prob $\geqslant 1-\alpha$ 的前提下, 置信区间 Inter 的长度越短越好. 由于基于置信区间可直接得到置信长度, 下面主要展示置信区间和覆盖率的数值计算方法.

如果覆盖率和置信区间不容易计算, 可采用数值模拟的方法估计, 具体步骤如下:

(1) 从总体 X 中抽取随机样本 $X_1^{(1)}, X_2^{(2)}, \cdots, X_n^{(1)}$, 基于此样本计算 $\widehat{\theta}_L^{(1)} = \widehat{\theta}_L(X_1^{(1)}, X_2^{(2)}, \cdots, X_n^{(n)})$ 与 $\widehat{\theta}_U^{(1)} = \widehat{\theta}_U(X_1^{(1)}, X_2^{(2)}, \cdots, X_n^{(n)})$;

(2) 重复上述步骤 K 次, 得到 K 组样本 $\{X_1^{(k)}, X_2^{(k)}, \cdots, X_n^{(k)}\}(k = 1, 2, \cdots, K)$, 相应地计算 $\widehat{\theta}_L^{(k)}, \widehat{\theta}_U^{(k)}$;

(3) 覆盖率 Prob 和置信区间长度 Inter 的估计分别为

$$\widehat{\text{Prob}} = \frac{1}{K}\sum_{k=1}^{K} I(\widehat{\theta}_L^{(k)} \leqslant \theta \leqslant \widehat{\theta}_U^{(k)}), \quad \widehat{\text{Inter}} = \left[\frac{1}{K}\sum_{k=1}^{K}\widehat{\theta}_L^{(k)}, \frac{1}{K}\sum_{k=1}^{K}\widehat{\theta}_U^{(k)}\right] \tag{3.2.3}$$

如果覆盖率和置信区间容易计算, 可通过数值模拟的方法验证理论结果的正确性.

3.2.1 单总体置信区间估计

1. 总体均值的区间估计

▶ **例 3.2.1** 设 $X_1, X_2, \cdots, X_n$ 是来自正态分布总体 $N(\mu, \sigma^2)$ 的一个样本, 给出 μ 的置信区间.

本例中以 σ 已知和未知两种情形讨论参数 μ 的置信区间.

(1) σ 已知时 μ 的置信区间.

参数 μ 的点估计 $\overline{X} = \sum_{i=1}^{n} X_i/n \sim N(\mu, \sigma^2/n)$, 故可取 $G = \sqrt{n}(\overline{X} - \mu)/\sigma \sim N(0, 1)$ 作为枢轴量. 对给定的置信水平 $1-\alpha$, 令标准正态分布 $\alpha/2$ 和 $1-\alpha/2$ 的分位数分别为 $u_{\alpha/2}$ 和 $u_{1-\alpha/2}$, 可得

$$P\left(u_{\alpha/2} \leqslant \frac{\sqrt{n}(\overline{X} - \mu)}{\sigma} \leqslant u_{1-\alpha/2}\right) = 1 - \alpha$$

由于 $u_{\alpha/2} = -u_{1-\alpha/2}$, 上式等价写为

$$P\left(\overline{X} - u_{1-\alpha/2}\frac{\sigma}{\sqrt{n}} \leqslant \mu \leqslant \overline{X} + u_{1-\alpha/2}\frac{\sigma}{\sqrt{n}}\right) = 1 - \alpha$$

因此均值 μ 的 $1-\alpha$ 置信区间为 $[\overline{X} - u_{1-\alpha/2}\sigma/\sqrt{n}, \overline{X} + u_{1-\alpha/2}\sigma/\sqrt{n}]$.

参数 μ 的覆盖率和置信区间分别为

$$\begin{aligned}
&\text{Prob} = P_\theta(\widehat{\theta}_L \leqslant \theta \leqslant \widehat{\theta}_U) = 1 - \alpha \\
&\text{Inter} = [\overline{X} - u_{1-\alpha/2}\sigma/\sqrt{n}, \overline{x} + u_{1-\alpha/2}\sigma/\sqrt{n}]
\end{aligned}$$

以下步骤数值模拟 Prob 和 Inter 的估计 $\widehat{\text{Prob}}$ 和 $\widehat{\text{Inter}}$.

① 从总体 X 中抽取随机样本 $X_1^{(1)}, X_2^{(1)}, \cdots, X_n^{(1)}$, 基于此样本计算 $\overline{X}^{(1)}$, 得到 $\widehat{\theta}_L^{(1)} = \overline{X}^{(1)} - u_{1-\alpha/2}\sigma/\sqrt{n}$ 以及 $\widehat{\theta}_U^{(1)} = \overline{X}^{(1)} + u_{1-\alpha/2}\sigma/\sqrt{n}$;

② 重复上述步骤 K 次, 得到 K 组置信下限和上限 $\widehat{\theta}_L^{(k)}, \widehat{\theta}_U^{(k)}(k = 1, 2, \cdots, K)$;

③ 覆盖率 Prob 和置信区间长度 Inter 的估计分别为

$$\widehat{\text{Prob}} = \frac{1}{K}\sum_{k=1}^{K} I(\widehat{\theta}_L^{(k)} \leqslant \theta \leqslant \widehat{\theta}_U^{(k)}), \quad \widehat{\text{Inter}} = \left[\frac{1}{K}\sum_{k=1}^{K}\widehat{\theta}_L^{(k)}, \frac{1}{K}\sum_{k=1}^{K}\widehat{\theta}_U^{(k)}\right]$$

设置 $n=50, \mu=0, \sigma^2=1$, 置信水平 $\alpha=0.05$, 重复次数 1 000. R 程序计算如下:

```
### 方差已知时均值的置信区间
set.seed(1)
K=1000 #循环次数
n=500 #样本量
a=0.05
mu=0
sigma=1
inter=matrix(0,K,2)
prob=matrix(0,K,1)
for (i in 1:K){
data=rnorm(n,mu,sigma)
barX=mean(data)
u=qnorm(1-a/2,mean=0,sd=1)/sqrt(n)
inter[i,]=c(barX-u,barX+u)
prob[i]=(mu>inter[i,1])&(mu<inter[i,2])
}
colMeans(inter) #区间估计
mean(inter[,2]-inter[,1]) #平均长度
mean(prob) #覆盖率
```

(2) σ 未知时 μ 的置信区间.

在正态总体情况, 样本方差 $S^2=\sum\limits_{i=1}^{n}(X_i-\overline{X})^2/(n-1)$ 是总体方差 σ^2 的无偏估计, 且有

$$T=\frac{\sqrt{n}(\overline{X}-\mu)}{S}\sim t(n-1)$$

取 T 作为枢轴量, 令 t 分布 $1-\alpha/2$ 的分位数为 $t_{1-\alpha/2}$, 可求得 μ 的 $1-\alpha$ 置信区间为 $\overline{X}\pm t_{1-\alpha/2}S/\sqrt{n}$.

数值计算估计覆盖率和置信区间步骤如下:

① 从总体 X 中抽取随机样本 $X_1^{(1)}, X_2^{(1)}, \cdots, X_n^{(1)}$, 基于此样本计算均值 $\overline{X}^{(1)}$ 和标准差 $S^{(1)}$, 得到 $\widehat{\theta}_L^{(1)}=\overline{X}^{(1)}-t_{1-\alpha/2}S^{(1)}/\sqrt{n}$ 以及 $\widehat{\theta}_U^{(1)}=\overline{X}^{(1)}+t_{1-\alpha/2}S^{(1)}/\sqrt{n}$;

② 重复上述步骤 K 次, 得到 K 组置信下限和上限 $\widehat{\theta}_L^{(k)}, \widehat{\theta}_U^{(k)} (k=1,2,\cdots,K)$;

③ 基于 K 组 $\widehat{\theta}_L^{(k)}, \widehat{\theta}_U^{(k)}$, 根据式 (3.2.3), 计算覆盖率 Prob 和置信区间长度 Inter 的估计.

设置 $n=50, \mu=0, \sigma^2=1$, 置信水平 $\alpha=0.05$, 重复次数 1 000. 模拟程序如下:

```
### 方差未知时均值的置信区间
set.seed(1)
K=1000 #循环次数
n=50 #样本量
a=0.05 #置信水平
mu=0 #期望
```

```
sigma=1 #标准差
inter=matrix(0,K,2)
prob=matrix(0,K,1)
for(i in 1:K){
data=rnorm(n,mu,sigma)
barX=mean(data)
u=qt(1-a/2,n-1)*sd(data)/sqrt(n)
inter[i,]=c(barX-u,barX+u)
prob[i]=(mu>inter[i,1])&(mu<inter[i,2])
}
colMeans(inter) #区间估计
mean(inter[,2]-inter[,1]) #平均长度
mean(prob) #覆盖率
```

2. 总体方差的区间估计

▶ **例 3.2.2** 设 $X_1, X_2, \cdots, X_n$ 是来自正态分布总体 $N(\mu, \sigma^2)$ 的一个样本，给出 σ^2 的置信区间.

在正态总体场合，有 $\sum\limits_{i=1}^{n}(X_i - \overline{X})^2/\sigma^2 \sim \chi^2(n-1)$，故可取其为枢轴量来构造 σ^2 的置信区间. 令 $\chi^2(n-1)$ 分布的 $\alpha/2$ 和 $1-\alpha/2$ 分位数分别为 $\chi^2_{\alpha/2}$, $\chi^2_{1-\alpha/2}$，可得

$$P\left(\chi^2_{\alpha/2}(n-1) \leqslant \frac{\sum\limits_{i=1}^{n}(X_i - \overline{X})^2}{\sigma^2} \leqslant \chi^2_{1-\alpha/2}(n-1)\right) = 1-\alpha$$

等价变换后得 σ^2 的 $1-\alpha$ 置信区间为

$$\left[\frac{\sum\limits_{i=1}^{n}(X_i - \overline{X})^2}{\chi^2_{1-\alpha/2}(n-1)}, \frac{\sum\limits_{i=1}^{n}(X_i - \overline{X})^2}{\chi^2_{\alpha/2}(n-1)}\right]$$

与例 3.2.1 的步骤类似，独立产生 K 组样本并计算每组样本置信区间的估计，将 K 个区间估计的上限和下限分别取平均得到最终的置信区间上限和下限，以及覆盖率. 设置 $n = 50$, $(\mu, \sigma^2) = (0, 1)$，置信水平 $\alpha = 0.05$，重复次数 1 000. R 程序计算如下:

```
### 总体方差的置信区间
set.seed(1)
K=1000 #循环次数
n=50 #样本量
a=0.05
mu=0
sigma=1
```

```
inter=matrix(0,K,2)
prob=matrix(0,K,1)
for(i in 1:K){
data=rnorm(n,mu,sigma)
Q=var(data)*(n-1)
chi1=qchisq(1-a/2,n-1)
chi2=qchisq(a/2,n-1)
inter[i,]=c(Q/chi1,Q/chi2)
prob[i]=(sigma>inter[i,1])&(sigma<inter[i,2])
}
colMeans(inter)
mean(inter[,2]-inter[,1]) #平均长度
mean(prob)
```

3. 总体比例的区间估计

在很多情况下，寻找枢轴量及其精确分布比较困难，但在样本量比较大时，可用渐近分布来构造近似的置信区间. 下面通过渐近分布给出总体比例 p 的置信区间.

▶ **例 3.2.3**　设 $X_1, X_2, \cdots, X_n$ 是来自两点分布总体 $\mathrm{Bino}(1,p)$ 的样本，给出比例 p 的置信区间.

由中心极限定理知，样本均值 $\overline{X}$ 的渐近分布为 $N(p, p(1-p)/n)$，因此有

$$\frac{\overline{X}-p}{\sqrt{p(1-p)/n}} \xrightarrow{d} N(0,1)$$

对给定置信水平 $1-\alpha$，可得

$$P\left(\left|\frac{\overline{X}-p}{\sqrt{p(1-p)/n}}\right| \leqslant u_{1-\alpha/2}\right) \approx 1-\alpha$$

当 n 较大时，可将置信区间近似为

$$\left[\overline{X}-u_{1-\alpha/2}\frac{\sqrt{\overline{X}(1-\overline{X})}}{n}, \overline{X}+u_{1-\alpha/2}\frac{\sqrt{\overline{X}(1-\overline{X})}}{n}\right]$$

下面利用数值模拟给出总体比例 p 的置信区间和覆盖率. 从 $\mathrm{Bino}(1,p)$ 中产生 K 组样本，利用每组样本计算对应样本的区间估计，基于 K 个置信区间得到平均置信区间和覆盖率. 设置 $n=50$, $p=0.2$, 置信水平 $\alpha=0.05$, 重复次数 1 000. R 程序计算如下:

```
### 总体比例 p 的置信区间
set.seed(1)
K=1000 #循环次数
n=50
a=0.05
```

```
p=0.2
inter=matrix(0,K,2)
prob=matrix(0,K,1)
for(i in 1:K){
data=rbinom(n,1,0.2)
barX=mean(data)
S=sqrt(barX*(1-barX)/n)
u=qnorm(1-a/2,mean=0,sd=1)*S
inter[i,]=c(barX-u,barX+u)
prob[i]=(p>inter[i,1])&(p<inter[i,2])
}
colMeans(inter)
mean(inter[,2]-inter[,1]) #平均长度
mean(prob)
```

3.2.2 两总体置信区间估计

1. 两个总体均值之差的区间估计

▶ **例 3.2.4** 设 $X_1, X_2, \cdots, X_n$ 和 $Y_1, Y_2, \cdots, Y_m$ 分别是来自正态分布总体 $N(\mu_1, \sigma_1^2)$ 和 $N(\mu_2, \sigma_2^2)$ 的两个独立样本, 计算 $\mu_1 - \mu_2$ 的置信区间.

本例中分 σ_1^2 和 σ_2^2 已知和未知两种情形讨论参数 $\mu_1 - \mu_2$ 的置信区间. 为便于讨论, 记

$$Q_x = \sum_{i=1}^{n}(X_i - \overline{X}) \quad 和 \quad Q_y = \sum_{i=1}^{m}(Y_i - \overline{Y})^2 \tag{3.2.4}$$

(1) σ_1^2 和 σ_2^2 已知时 $\mu_1 - \mu_2$ 的置信区间.

当 σ_1^2 和 σ_2^2 已知时, 有 $\overline{X} - \overline{Y} \sim N\left(\mu_1 - \mu_2, \sigma_1^2/n + \sigma_2^2/m\right)$. 取枢轴量为

$$U = \frac{\overline{X} - \overline{Y} - (\mu_1 - \mu_2)}{\sqrt{\sigma_1^2/n + \sigma_2^2/m}} \sim N(0, 1)$$

$\mu_1 - \mu_2$ 的 $1 - \alpha$ 置信区间为

$$\left[\overline{X} - \overline{Y} - u_{1-\alpha/2}\sqrt{\frac{\sigma_1^2}{n} + \frac{\sigma_2^2}{m}}, \overline{X} - \overline{Y} + u_{1-\alpha/2}\sqrt{\frac{\sigma_1^2}{n} + \frac{\sigma_2^2}{m}}\right]$$

与单总体的置信区间估计类似, 数值计算置信区间和覆盖率的步骤如下:

① 从总体 $N(\mu_1, \sigma_1^2)$ 中产生样本 $\{X_1^{(1)}, X_2^{(1)}, \ldots, X_n^{(1)}\}$, 从总体 $N(\mu_2, \sigma_2^2)$ 中产生样本 $\{Y_1^{(1)}, Y_2^{(1)}, \ldots, Y_n^{(1)}\}$, 基于此样本分别计算均值 $\overline{X}^{(1)}$ 和 $\overline{Y}^{(1)}$, 相应地得到 $\widehat{\theta}_L^{(1)} = \overline{X}^{(1)} - \overline{Y}^{(1)} - u_{1-\alpha/2}\sqrt{\frac{\sigma_1^2}{n} + \frac{\sigma_2^2}{m}}$, $\widehat{\theta}_U^{(1)} = \overline{X}^{(1)} - \overline{Y}^{(1)} + u_{1-\alpha/2}\sqrt{\frac{\sigma_1^2}{n} + \frac{\sigma_2^2}{m}}$.

② 重复上述步骤 K 次, 得到 $\widehat{\theta}_L^{(k)}, \widehat{\theta}_U^{(k)} (k = 1, 2, \cdots, K)$.

③ 基于 K 组 $\widehat{\theta}_L^{(k)}, \widehat{\theta}_U^{(k)}$, 根据式 (3.2.3), 计算覆盖率 Prob 和置信区间长度 Inter 的估计.

设置 $n = m = 50$, $(\mu_1, \sigma_1) = (0, 1)$, $(\mu_2, \sigma_2) = (0.2, 1)$, 置信水平 $\alpha = 0.05$, 重复次数 1 000. R 程序计算如下:

```
### 方差已知时均值差的置信区间
set.seed(1)
K=1000 #循环次数
n=50 #x样本量
m=50 #y样本量
a=0.05 #置信水平
mu1=0
mu2=0.2
sigma1=1
sigma2=2
inter=matrix(0,K,2)
prob=matrix(0,K,1)
for(i in 1:K){
data1=rnorm(n,mu1,sigma1)
data2=rnorm(m,mu2,sigma2)
diff=mean(data1)-mean(data2) #均值差
u=qnorm(1-a/2,mean=0,sd=1)*sqrt(sigma1^2/n+sigma2^2/m)
inter[i,]=c(diff-u,diff+u)
prob[i]=((mu1-mu2)>inter[i,1])&((mu1-mu2)<inter[i,2])
}
colMeans(inter)
mean(inter[,2]-inter[,1]) #平均长度
mean(prob)
```

(2) $\sigma_1^2 = \sigma_2^2 = \sigma^2$ 但未知时 $\mu_1 - \mu_2$ 的置信区间.

当 $\sigma_1^2 = \sigma_2^2 = \sigma^2$ 时, 由正态分布性质知, $\overline{X} - \overline{Y} \sim N\left(\mu_1 - \mu_2, \sigma^2\left(n^{-1} + m^{-1}\right)\right)$ 且 $(Q_x + Q_y)/\sigma^2 \sim \chi^2(n + m - 2)$. 构造如下枢轴量

$$T_{xy} = \frac{[\overline{X} - \overline{Y} - (\mu_1 - \mu_2)]/\left(\sigma\sqrt{n^{-1} + m^{-1}}\right)}{\sqrt{(Q_x + Q_y)/(n + m - 2)}/\sigma}$$

记 $S_w = (Q_x + Q_y)/(n + m - 2)$, 则统计量 T_{xy} 可化简为

$$T_{xy} = \frac{\overline{X} - \overline{Y} - (\mu_1 - \mu_2)}{\sqrt{S_w(n^{-1} + m^{-1})}} \sim t(n + m - 2)$$

利用 t 分布可以构造 $\mu_1 - \mu_2$ 的 $1 - \alpha$ 置信区间如下:

$$\overline{X} - \overline{Y} \pm t_{1-\alpha/2}(n + m - 2)\sqrt{\left(\frac{1}{n} + \frac{1}{m}\right) S_w}$$

与上例模拟步骤类似, 独立产生 K 组样本, 根据每组样本分别计算置信上限和置信下限, 然后基于 K 组结果得到覆盖率和置信区间. 设置样本量 $n = m = 50$, $(\mu_1, \sigma_1) = (0, 1)$,

$(\mu_2,\sigma_2)=(0.2,1)$, 重复次数 1 000. R 程序计算如下:

```
### 方差相等且未知时均值差的置信区间
set.seed(1)
K=1000 #循环次数
n=50 #x样本量
m=50 #y样本量
a=0.05
mu1=0
mu2=0.2
sigma=1
inter=matrix(0,K,2)
prob=matrix(0,K,1)
for(i in 1:K){
data1=rnorm(n,mu1,sigma)
data2=rnorm(m,mu2,sigma)
diff=mean(data1)-mean(data2) #均值差
S=(var(data1)*(n-1)+var(data2)*(m-1))/(n+m-2)
u=qt(1-a/2,n+m-2)*sqrt(S/n+S/m)
inter[i,]=c(diff-u,diff+u)
prob[i]=((mu1-mu2)>inter[i,1])&((mu1-mu2)<inter[i,2])
}
colMeans(inter)
mean(inter[,2]-inter[,1]) #平均长度
mean(prob)
```

2. 两个总体方差比的区间估计

▶ **例 3.2.5** 设 $X_1,X_2,\cdots,X_n$ 和 $Y_1,Y_2,\cdots,Y_m$ 分别是来自正态分布总体 $N(\mu_1,\sigma_1^2)$ 和 $N(\mu_2,\sigma_2^2)$ 的两个独立样本, 计算 σ_1^2/σ_2^2 的置信区间.

沿用式 (3.2.4) 的记号, 记

$$S_x^2=Q_x/(n-1) \quad 和 \quad S_y^2=Q_y/(m-1)$$

由于 $Q_x/\sigma_1^2\sim\chi^2(n-1)$, $Q_y/\sigma_2^2\sim\chi^2(m-1)$, 且两者相互独立, 故构造如下枢轴量

$$F=\frac{S_x^2/\sigma_1^2}{S_y^2/\sigma_2^2}\sim F(n-1,m-1)$$

对给定的置信水平 $1-\alpha$, 令 $F(n-1,m-1)$ 分布的 $\alpha/2$ 和 $1-\alpha/2$ 分位数分别为 $F_{\alpha/2}(n-1,m-1)$ 和 $F_{1-\alpha/2}(n-1,m-1)$, 有

$$P(F_{\alpha/2}(n-1,m-1)\leqslant\frac{S_x^2}{S_y^2}\cdot\frac{\sigma_2^2}{\sigma_1^2}\leqslant F_{1-\alpha/2}(n-1,m-1))=1-\alpha$$

等价变换得 σ_1^2/σ_2^2 的 $1-\alpha$ 置信区间为

$$\left[\frac{S_x^2}{S_y^2\cdot F_{1-\alpha/2}(n-1,m-1)},\frac{S_x^2}{S_y^2\cdot F_{\alpha/2}(n-1,m-1)}\right]$$

根据 σ_1^2/σ_2^2 的置信区间表达式, 在数值模拟时需要计算每组样本下的方差, 进而可以得到每组样本下的置信上限和置信下限. 根据 K 组样本置信上限和置信下限得到平均置信区间和覆盖率. 设置样本量 $n=m=50$, $(\mu_1,\sigma_1)=(0,1)$, $(\mu_2,\sigma_2)=(0.2,2)$, 置信水平 $\alpha=0.05$, 重复次数 1 000. R 程序计算如下:

```
### 两个总体方差比的区间估计
set.seed(1)
K=1000 #循环次数
n=50 #x样本量
m=50 #y样本量
a=0.05
mu1=0
mu2=0.2
sigma1=1
sigma2=2
inter=matrix(0,K,2)
prob=matrix(0,K,1)
for(i in 1:K){
data1=rnorm(n,mu1,sigma1)
data2=rnorm(m,mu2,sigma2)
Sx=var(data1);Sy=var(data2)
inter[i,]=c((Sx/Sy)/qf(1-a/2,n-1,m-1),
(Sx/Sy)/qf(a/2,n-1,m-1))
prob[i]=((sigma1^2/sigma2^2)>inter[i,1])&
((sigma1^2/sigma2^2)<inter[i,2])
}
colMeans(inter)
mean(inter[,2]-inter[,1]) #平均长度
mean(prob)
```

3. 两个总体比例之差的区间估计

▶ **例 3.2.6**　设 $X_1,X_2,\cdots,X_n$ 和 $Y_1,Y_2,\cdots,Y_m$ 分别是来自两点分布总体 $\mathrm{Bino}(1,p_1)$ 和 $\mathrm{Bino}(1,p_2)$ 的两个独立样本, 计算 p_1-p_2 的置信区间.

由中心极限定理可知, 在 m,n 趋于无穷时, 有

$$\frac{\overline{X}-\overline{Y}-(p_1-p_2)}{\sqrt{p_1(1-p_1)/n+p_2(1-p_2)/m}}\xrightarrow{d}N(0,1)$$

注意到标准正态分布的 $1-\alpha/2$ 分位数为 $u_{1-\alpha/2}$, 两个总体比例之差 p_1-p_2 的 $1-\alpha$ 置信区间为

$$\overline{X}-\overline{Y}\pm u_{1-\alpha/2}\sqrt{\frac{\overline{X}(1-\overline{X})}{n}+\frac{\overline{Y}(1-\overline{Y})}{m}}$$

基于上述置信区间和覆盖率的计算, 设置样本量 $n=m=500$, $p_1=0.2$, $p_2=0.5$, 置信水平 $\alpha=0.05$, 重复次数 1 000. R 程序计算如下:

```
### 两个总体比例之差的区间估计
set.seed(1)
K=1000 #循环次数
n=m=500 #x和y的样本量
p1=0.2
p2=0.5
a=0.05 #置信水平
inter=matrix(0,K,2)
prob=matrix(0,K,1)
for (i in 1:K){
data1=rbinom(n,1,p1)
data2=rbinom(m,1,p2)
u=mean(data1)-mean(data2) #均值差
S=sqrt(mean(data1)*(1-mean(data1))/n
+mean(data2)*(1-mean(data2))/m)
inter[i,]=c(u-qnorm(1-a/2,mean=0,sd=1)*S,
u+qnorm(1-a/2,mean=0,sd=1)*S)
prob[i]=((p1-p2)>inter[i,1])&((p1-p2)<inter[i,2])
}
colMeans(inter)
mean(inter[,2]-inter[,1]) #平均长度
mean(prob)
```

习题

3.1　设 $X_1,X_2,\cdots,X_n$ 是来自参数为 1 的泊松分布总体的一个样本, 给出 $n=500$ 时期望和方差的估计形式, 编程实现并重复 1 000 次进行验证.

3.2　设 $X_1,X_2,\cdots,X_n$ 是独立同分布, 且具有密度函数 $f(x)=(\alpha+1)x^{\alpha}$, $0<x<1$ 的样本, 取 $n=500$, $\alpha=0.7$, 编程计算参数 α 的矩估计、最大似然估计, 比较两种估计的 MSE.

3.3　设线性模型 $y=\alpha+\beta x+\epsilon$, $x\sim N(0,1)$, $\epsilon\sim N(0,1)$. 设 $\alpha=1$, $\beta=1$, 编程产生样本 $\{x_i,y_i\}_{i=1}^{300}$, 基于样本得到 α, β 的最小二乘估计, 并编程实现参数的估计.

3.4　考虑二项分布 Bino(p), 在大样本和小样本的不同情况下, 给出参数的点估计和区间估计, 并且编程进一步验证.

3.5　考虑泊松分布 Poisson(λ), 在大样本和小样本的不同情况下, 给出参数的点估计和区间估计, 并且编程进一步验证.

第 4 章 假设检验数值计算

假设检验是统计推断的主要内容之一. 假设检验就是当我们对所关心的参数做出一个假设之后, 利用样本信息构造检验统计量来判断该假设是否正确. 对于一个假设检验问题, 通常使用检验的功效衡量检验统计量的优劣. 统计功效指的是, 在备择假设成立的情况下, 检验统计量落入拒绝域的概率. 假设检验过程中可能发生两类错误: 弃真错误, 即原假设正确的情况下, 拒绝原假设, 也称一类错误; 取伪错误, 即原假设错误的情况下, 接受原假设, 也称二类错误. 通常把犯一类错误和二类错误的概率分别记为 α 和 β. 由此可知, 统计功效等于 $1-\beta$. α 和 β 是此消彼长的关系, 通常要求在控制犯一类错误概率 α 的前提下, 统计功效越大越好. 本章主要讨论假设检验数值计算, 用数值方法估计假设检验问题的一类错误概率 α 和统计功效 $1-\beta$.

4.1 参数检验数值计算

首先通过一个简单的例子说明参数检验的数值计算.

▶ **例 4.1.1** 设 $X_1, X_2, \cdots, X_n$ 是来自总体 $N(\mu, 1)$ 的相互独立的样本, 检验原假设和备择假设分别为: $H_0: \mu = 0$ 和 $H_1: \mu \neq 0$.

对于上述假设检验问题, 设样本均值 $\overline{X} = \sum\limits_{i=1}^{n} X_i/n$, 统计量为 $T = \sqrt{n}\overline{X}$. 在原假设成立的情况下, T 服从 $N(0,1)$ 分布. 在备择假设成立的情况下, T 服从 $N(\sqrt{n}\mu, 1)$ 分布. 记 $u_{1-\frac{\alpha}{2}}$ 为标准正态分布的 $1-\alpha/2$ 分位数, 当 $|T| > u_{1-\frac{\alpha}{2}}$ 时, 拒绝 H_0. 如果 $\mu = n^r C$, 当 $r = -1/2$ 时, T 服从 $N(C, 1)$ 分布; 当 $r > -1/2$ 时, T 的分布趋于无穷; 当 $r < -1/2$ 时, T 的分布趋于 $N(0,1)$. 说明检验统计量 T 能够检测以速度 $n^r (r \geqslant -1/2)$ 偏离原假设的备择假设.

检验的功效为: $p = P(\text{拒绝 } H_0 \mid H_1 \text{ 成立})$. 对于上述假设检验, 注意到

$$
\begin{aligned}
& P\left(\left|\sqrt{n}\overline{X}\right| \leqslant u_{1-\frac{\alpha}{2}} \mid H_1 \text{ 成立}\right) \\
= & P\left(-u_{1-\frac{\alpha}{2}} \leqslant \sqrt{n}(\overline{X}-\mu) + \sqrt{n}\mu \leqslant u_{1-\frac{\alpha}{2}} \mid H_1 \text{ 成立}\right) \\
= & P\left(-u_{1-\frac{\alpha}{2}} - \sqrt{n}\mu \leqslant \sqrt{n}(\overline{X}-\mu) \leqslant u_{1-\frac{\alpha}{2}} - \sqrt{n}\mu \mid H_1 \text{ 成立}\right) \\
= & \Phi(u_{1-\frac{\alpha}{2}} - \sqrt{n}\mu) - \Phi(-u_{1-\frac{\alpha}{2}} - \sqrt{n}\mu) \\
= & \Phi(u_{1-\frac{\alpha}{2}} - \sqrt{n}\mu) + \Phi(u_{1-\frac{\alpha}{2}} + \sqrt{n}\mu) - 1
\end{aligned}
$$

这里, $\Phi(\cdot)$ 为标准正态分布的分布函数. 因此, 检验统计量功效为

$$p = P(|\sqrt{n}\overline{X}| > u_{1-\frac{\alpha}{2}} \mid H_1 \text{ 成立}) = 1 - P\left(|\sqrt{n}\overline{X}| \leqslant u_{1-\frac{\alpha}{2}} \mid H_1 \text{ 成立}\right)$$
$$= 2 - \Phi(u_{1-\frac{\alpha}{2}} - \sqrt{n}\mu) - \Phi(u_{1-\frac{\alpha}{2}} + \sqrt{n}\mu)$$

在实际问题中, 很多检验统计量的功效没有显示表达式. 此时, 可采用数值模拟方法估计统计量的功效 $\widehat{p} = \widehat{P}(\text{拒绝} H_0 \mid H_1 \text{成立})$. 对于本例, 如果 p 没有显示表达式, 可以用备择假设成立时, 拒绝原假设的发生频率来估计功效 p. 具体步骤如下:

(1) 从备择假设 $N(\mu, 1)(\mu \neq 0)$ 随机产生数据 $X_{11}, X_{12}, \cdots, X_{1n}$, 样本均值为 $\overline{X}^{(1)} = \sum_{i=1}^{n} X_{1i}/n$, 相应得到统计量 $\sqrt{n}\overline{X}^{(1)}$;

(2) 重复上述步骤 K 次, 相应得到 $\sqrt{n}\overline{X}^{(1)}, \sqrt{n}\overline{X}^{(2)}, \cdots, \sqrt{n}\overline{X}^{(K)}$;

(3) 功效 p 的估计为

$$\widehat{p} = \frac{1}{K}\sum_{k=1}^{K} I\left(\left|\sqrt{n}\ \overline{X}^{(k)}\right| > u_{1-\frac{\alpha}{2}}\right) \tag{4.1.1}$$

这里 $I(\cdot)$ 表示示性函数.

接下来考虑式 (4.1.1) 中估计 $\widehat{p}$ 的均值和方差. 由于 $K\widehat{p}$ 服从二项分布 $\text{Bino}(K,p)$, 可得

$$E(K\widehat{p}) = Kp, \quad \text{Var}(K\widehat{p}) = Kp(1-p)$$
$$E(\widehat{p}) = p, \quad \text{Var}(\widehat{p}) = \frac{p(1-p)}{K}$$

如果 K 越大, 功效的估计越稳定. 若 $K = 1\ 000$, $\alpha = 0.05$, 则

$$p = 2 - \Phi(1.96 - \sqrt{n}\mu) - \Phi(1.96 + \sqrt{n}\mu), \quad \text{Var}(\widehat{p}) = \frac{p(1-p)}{1\ 000}$$

在本例中, 取样本量 $n = 100$, $\mu = 0.3$, 重复次数 $K = 1\ 000$. 估计功效的 R 程序如下:

```
set.seed(1)
n=100
res=c()
mu=0.3;
 for (i in 1:1000) {
  data=rnorm(n)
  E_data=mean(data)+mu
  stat=E_data*sqrt(n)
  res[i]=as.numeric(abs(stat)>=qnorm(0.975,0,1))
 }
 result=mean(res) #数值模拟估计的统计功效
 criti=qnorm(0.975,0,1);
 power=2-pnorm(criti-sqrt(n)*mu,0,1)-
       pnorm(criti+sqrt(n)*mu,0,1) #统计功效
 c(result, power)
```

▶ **例 4.1.2** 设 $X_1, X_2, \cdots, X_n$ 和 $Y_1, Y_2, \cdots, Y_m$ 分别是来自总体 $N(0, \sigma_1^2)$ 和 $N(0, \sigma_2^2)$ 的两个独立样本, 检验原假设和备择假设分别为: $H_0: \sigma_1 = \sigma_2$ 和 $H_1: \sigma_1 \neq \sigma_2$.

对于上述假设检验问题, 记样本方差为 $S_x^2=\sum_{i=1}^{n}(X_i-\overline{X})^2/(n-1)$ 和 $S_y^2=\sum_{i=1}^{m}(Y_i-\overline{Y})^2/(m-1)$, 统计量为 $T_s=S_x^2/S_y^2$. 在原假设成立的情况下, T_s 服从 $F(n-1,m-1)$ 分布, 备择假设下, $\sigma_2^2T_s/\sigma_1^2$ 服从 $F(n-1,m-1)$ 分布. 设 $F_{1-\frac{\alpha}{2}}(n-1,m-1)$ 和 $F_{\frac{\alpha}{2}}(n-1,m-1)$ 分别是自由度为 $n-1$ 和 $m-1$ 的 F 分布的 $1-\alpha/2$ 和 $\alpha/2$ 分位数, 则该假设检验的拒绝域为 $T_s>F_{1-\frac{\alpha}{2}}(n-1,m-1)$ 或 $T_s<F_{\frac{\alpha}{2}}(n-1,m-1)$. 由于

$$\begin{aligned}
&P(\text{接受 } H_0 \mid H_1 \text{ 成立})\\
&=P(F_{\frac{\alpha}{2}}(n-1,m-1)\leqslant T_s\leqslant F_{1-\frac{\alpha}{2}}(n-1,m-1)\mid H_1 \text{ 成立})\\
&=P(\sigma_2^2F_{\frac{\alpha}{2}}(n-1,m-1)/\sigma_1^2\leqslant \sigma_2^2T_s/\sigma_1^2\leqslant \sigma_2^2F_{1-\frac{\alpha}{2}}(n-1,m-1)/\sigma_1^2\mid H_1 \text{ 成立})\\
&=F_{n-1,m-1}(\sigma_2^2F_{1-\frac{\alpha}{2}}(n-1,m-1)/\sigma_1^2)-F_{n-1,m-1}(\sigma_2^2F_{\frac{\alpha}{2}}(n-1,m-1)/\sigma_1^2)
\end{aligned}$$

这里, $F_{(n-1,m-1)}(\cdot)$ 表示自由度为 $n-1$ 和 $m-1$ 的 F 分布的分布函数. 因此, 检验统计量 T_s 的功效为

$$p=1-F_{n-1,m-1}(\sigma_2^2F_{1-\frac{\alpha}{2}}(n-1,m-1)/\sigma_1^2)+F_{n-1,m-1}(\sigma_2^2F_{\frac{\alpha}{2}}(n-1,m-1)/\sigma_1^2)$$

当然也可以采用数值计算方法对其进行估计, 具体步骤如下:

(1) 从 X 和 Y 的总体 $N(0,\sigma_1^2)$ 和 $N(0,\sigma_2^2)$ $(\sigma_1\neq\sigma_2)$ 中产生数据 $X_1^{(1)},X_2^{(1)},\cdots,X_n^{(1)}$; $Y_1^{(1)},Y_2^{(1)},\cdots,Y_m^{(1)}$, 计算样本均值

$$\overline{X}^{(1)}=\sum_{i=1}^{n}X_i^{(1)},\quad \overline{Y}^{(1)}=\sum_{i=1}^{m}Y_i^{(1)}$$

样本方差为

$$S_{x(1)}^2=\sum_{i=1}^{n}(X_i^{(1)}-\overline{X}^{(1)})^2/(n-1)\quad \text{和}\quad S_{y(1)}^2=\sum_{i=1}^{m}(Y_i^{(1)}-\overline{Y}^{(1)})^2/(m-1)$$

以及统计量的值 $T_s^{(1)}=S_{x(1)}^2/S_{y(1)}^2$;

(2) 重复上述步骤 K 次, 相应得到 $T_s^{(1)},T_s^{(2)},\cdots,T_s^{(K)}$;

(3) 功效 p 的估计为

$$\widehat{p}=\frac{1}{K}\sum_{k=1}^{K}I\left(T_s^{(k)}>F_{1-\frac{\alpha}{2}}(n-1,m-1)\text{ 或 }T_s^{(k)}<F_{\frac{\alpha}{2}}(n-1,m-1)\right)$$

设置 $n=100$ 和 $m=50$, 总体方差分别为 $\sigma_1^2=1$ 和 $\sigma_2^2=4$, 重复次数 $K=1\,000$. 估计功效的 R 程序如下:

```
set.seed(1)
n=100;m=50
res=c()
sigma=2
for (i in 1:1000) {
  X_data=rnorm(n)
  Y_data=sigma*rnorm(m)
  S_x=sum((X_data-mean(X_data))^2)/(n-1)
```

```
  S_y=sum((Y_data-mean(Y_data))^2)/(m-1)
  stat=S_x/S_y
  criti_1=qf(0.975,n-1,m-1)
  criti_2=qf(0.025,n-1,m-1)
  res[i]=as.numeric(stat>=criti_1)+as.numeric(stat<=criti_2)
}
result=mean(res) #数值模拟估计的统计功效
power=1-pf(sigma^2*criti_1,n-1,m-1) #统计功效
      +pf(sigma^2*criti_2,n-1,m-1)
c(result, power)
```

4.2 单样本的拟合优度检验

4.2.1 总体分布的卡方检验

首先介绍连续总体的卡方检验. 设 $r_1, r_2, \cdots, r_n$ 是待检验的一组随机数, 原假设为 $H_0: r_1, r_2, \cdots, r_n$ 来自区间 $[0,1]$ 上的均匀总体. 将 $[0,1]$ 区间根据分割点 $0, 1/m, 2/m, \cdots, 1$ 分成 m 个小区间, 第 i 个小区间为

$$\left[\frac{i-1}{m}, \frac{i}{m}\right), \quad i = 1, 2, \cdots, m$$

设 $\{r_j, j = 1, 2, \cdots, n\}$ 落入第 i 个小区间的数目为 $n_i = \sum_{j=1}^{n} I\left(r_j \in \left[\frac{i-1}{m}, \frac{i}{m}\right)\right)$. 根据均匀性假设, H_0 成立时, r_j 落入每个区间的概率为 $p_i = 1/m, r_j(j = 1, 2, \cdots, m)$ 落入第 i 个小区间的理论频数 $\mu_i = n/m$. 卡方检验的思想是基于观测样本落入 m 个区间的实际频数和理论频数的差异构造检验统计量. 差异越大说明样本的总体分布与原假设下的分布差异越大, 检验统计量为

$$T = \sum_{i=1}^{m} \frac{(n_i - \mu_i)^2}{\mu_i} = \frac{m}{n} \sum_{i=1}^{m} \left(n_i - \frac{n}{m}\right)^2 \tag{4.2.1}$$

接下来证明 T 在原假设下渐近服从 $\chi^2(m-1)$. 首先证明 n_i 在原假设下渐近服从正态分布, 注意到 $n_i \sim \text{Bino}(n, p_i)(i = 1, 2, \cdots, m)$. 由二项分布的性质可知

$$E(n_i) = np_i, \quad \text{Var}(n_i) = np_i(1 - p_i) = np_i q_i$$

根据中心极限定理, 可知 $(n_i - np_i)/\sqrt{n} \xrightarrow{L} N(0, p_i q_i)$.

由于 $(n_1, n_2, \cdots, n_m) \sim M(n, p_1, p_2, \cdots, p_m)$, 这里 $M(n, p_1, p_2, \cdots, p_m)$ 表示多项分布, 根据多项分布的性质, 可得

$$E(n_i \cdot n_j) = n(n-1)p_i p_j, \quad \text{Cov}(n_i, n_j) = -np_i p_j$$

记随机向量 $\boldsymbol{N}=(n_1,n_2,\cdots,n_m)^T$, 则有 $E(\boldsymbol{N})=(np_1,np_2,\cdots,np_m)^T$, 且协方差矩阵为 $n\boldsymbol{\Sigma}$, 其中

$$\boldsymbol{\Sigma}=\begin{pmatrix} p_1q_1 & -p_1p_2 & \cdots & -p_1p_m \\ -p_1p_2 & p_2q_2 & \cdots & -p_2p_m \\ \vdots & \vdots & \ddots & \vdots \\ -p_1p_m & -p_2p_m & \cdots & p_mq_m \end{pmatrix}$$

由中心极限定理, 当 $n\to\infty$ 时:

$$(\boldsymbol{N}-E(\boldsymbol{N}))/\sqrt{n}\xrightarrow{L}N_m(\boldsymbol{0},\boldsymbol{\Sigma}) \tag{4.2.2}$$

取 $D=\mathrm{diag}(1/\sqrt{p_1},1/\sqrt{p_2},\cdots,1/\sqrt{p_m})$, 由上式可得

$$D\{\boldsymbol{N}-E(\boldsymbol{N})\}/\sqrt{n}\xrightarrow{L}N_m(\boldsymbol{0},D\boldsymbol{\Sigma}D^T)$$

由于 $\sum\limits_{i=1}^m p_i=1$, 因此可以验证 $D\boldsymbol{\Sigma}D^T$ 为幂等矩阵. 根据幂等矩阵的性质, $D\boldsymbol{\Sigma}D^T$ 的特征值为 0 或 1, 即存在正交矩阵 Q, 使得 $Q^TD\boldsymbol{\Sigma}D^TQ=\boldsymbol{\Lambda}=\mathrm{diag}(1,1,\cdots,1,0)$. 因此, 有

$$Q^TD(\boldsymbol{N}-E(\boldsymbol{N}))/\sqrt{n}\xrightarrow{L}N_m(\boldsymbol{0},\boldsymbol{\Lambda})$$

记 $Q^TD(\boldsymbol{N}-E(\boldsymbol{N}))/\sqrt{n}=(w_1,w_2,\cdots,w_m)^T$, 根据上式有 $\{w_i,i=1,2,\cdots,m-1\}$ 相互独立且渐近服从 $N(0,1)$, 同时 $w_m=0$. 因此, 有

$$(\boldsymbol{N}-E(\boldsymbol{N}))^TD^TQQ^TD(\boldsymbol{N}-E(\boldsymbol{N}))/n=\sum_{i=1}^m w_i^2\xrightarrow{L}\chi^2(m-1)$$

根据正交矩阵的性质 $QQ^T=I$, 不难验证

$$(\boldsymbol{N}-E(\boldsymbol{N}))^TD^TD(\boldsymbol{N}-E(\boldsymbol{N}))/n=\sum_{i=1}^m w_i^2=\sum_{i=1}^m\frac{(n_i-np_i)^2}{np_i}$$

因此, 根据统计量的定义, 有

$$T=\sum_{i=1}^m\frac{(n_i-np_i)^2}{np_i}\xrightarrow{L}\chi^2(m-1)$$

结论得证. 给定显著性水平 α, 由 χ^2 分布得到临界值, 即可做显著性检验.

对于原假设是随机数为均匀分布的假设, 采用如下的模拟来估计统计量的功效. 设置样本量 $n=500$, 区间个数 $m=10$, 重复 1 000 次. R 程序模拟如下:

```
###均匀性检验——卡方检验
set.seed(1)
m=10
inter=seq(0,1,by=1/m)
n=500
res1 = NULL
for (i in 1:1000){
  data=sqrt(runif(n,min = 0,max = 1)) # 备择假设成立
```

```
  # data=runif(n,min = 0,max = 1) # 原假设成立
  left_inter=rep(1,n)%*%t(inter[1:m])
  right_inter=rep(1,n)%*%t(inter[2:(m+1)])
  Data=(data)%*%t(rep(1,m))
  A = left_inter<=Data&Data<right_inter
  frequ = apply(A, 2, sum)
  stat1=m/n*sum((frequ-n/m)^2)
  res1[i]=stat1>qchisq(0.95,m-1)
  }
result=mean(res1)
```

4.2.2 单样本 K-S 检验

单样本情形下, K-S (柯尔莫哥洛夫－斯米尔诺夫) 检验用于检验观测样本的经验分布函数与假设理论分布函数是否一致. 设 $X_1, X_2, \cdots, X_n$ 是 n 个独立观测样本, 该检验问题的原假设为 H_0 : 该样本来自分布函数为 $F(\cdot)$ 的总体.

设 $X_{(1)} \leqslant X_{(2)} \leqslant \cdots \leqslant X_{(n)}$ 为次序样本, 经验分布函数为 $F_n(X_{(i)}) = i/n\ (i = 1, 2, \cdots, n)$. 经验分布函数与原假设下的分布函数之间的最大偏差记为 K-S 统计量, 即

$$K_n = \max_{1\leqslant i\leqslant n}\left[\max\left(\left|F(X_{(i)}) - \frac{i}{n}\right|, \left|F(X_{(i)}) - \frac{i-1}{n}\right|\right)\right]$$

H_0 成立时, K-S 统计量依分布收敛于 Kolmogorov 分布, 其分布函数为

$$P(K_n \leqslant x) = 1 - 2\sum_{j=1}^{\infty}(-1)^j \exp(-2nj^2x^2), \quad 0 < x < +\infty \tag{4.2.3}$$

为了方便 K-S 检验在实际数据分析中的使用, 文献中也给出了单样本 K-S 检验统计量 K_n 的临界值表. 对于给定的显著性水平 α, 当 K_n 大于临界值时拒绝 H_0.

显然 K-S 检验的功效表达式不容易给出. 因此, 对于固定的备择假设, 采用蒙特卡罗方法来模拟检验统计量 K_n 的功效. 这里选取样本量 $n = 35$, $X_1, X_2, \cdots, X_n$ 从自由度为 3 的 t 分布中产生, 检验 H_0: 该样本来自标准正态分布. 对于此例, 当显著性水平 $\alpha = 0.05$ 时, 查表得临界值为 0.23, 当 $K_n > 0.23$ 时, 拒绝 H_0. 根据式 (4.2.3), 可以计算检验统计量的 p 值, 当 p 值小于 0.05 时, 拒绝 H_0. R 程序模拟如下:

```
###正态性检验——K-S检验(柯氏检验)
set.seed(1)
n=35
stat1 = NULL
res1 = NULL
res2 = NULL
for (i in 1:1000){
  #data=rnorm(n,0,1) #数据来自原假设
  data=rt(n,1)        #数据来自备择假设
```

```
  data=sort(data)
  D_splus=max(abs(c(1:n)/n-pnorm(data)))
  D_minus=max(abs(pnorm(data)-(c(1:n)-1)/n))
  stat1=max(D_splus,D_minus)
  res1[i]=as.numeric(stat1>0.23)
  index=seq(1,10000,1)
  p_val=2*sum((-1)^(index-1)*exp(-2*n*index^2*stat1^2))
  res2[i]=as.numeric(p_val<0.05)
}
c(mean(res1),mean(res2))
```

4.2.3 变量值随机性检验

在实际应用中, 如果关心某个数据序列是不是随机出现, 那么游程检验是直接检验数据序列是否随机的一种非参数方法. 对于一个按照某种顺序排列 (例如按从小到大的顺序排列) 的数据, 将其分成若干子序列, 使得每一个子序列内部的值都是上升的, 每一个子序列称为一个上升游程, 每一个子序列包含的元素个数称为游程长度, 数据序列分得的子序列个数称为游程个数. 例如以下 10 个随机数:

$$0.243, 0.363, 0.941, |\, 0.698, |\, 0.472, |\, 0.458, 0.788, |\, 0.133, 0.342, 0.504$$

可分为 5 个上升的游程, 游程长度分别为 3, 1, 1, 2, 3.

游程检验的基本思想是: 如果数据序列是在 [0, 1] 上随机出现的, 则每一个上升游程的长度不应过大或过小, 序列中的游程个数也不应太多或太少. 记游程长度为 1, 2, 3, 4, 5 和 $\geqslant 6$ 的游程数目为 $G_i(i=1,2,\cdots,6)$. 令向量 $\boldsymbol{G}=(G_1,G_2,G_3,G_4,G_5,G_6)^T$, 当数据序列完全随机时, 可证明随机向量 $\boldsymbol{G}$ 的期望为

$$E(\boldsymbol{G}) = n(b_1,b_2,b_3,b_4,b_5,b_6)^T = n\left(\frac{1}{6},\frac{5}{24},\frac{11}{120},\frac{19}{720},\frac{29}{5\,040},\frac{1}{840}\right)^T$$

协方差矩阵的逆为

$$\Sigma_{\boldsymbol{G}}^{-1} = \frac{1}{n}(a_{ij})_{6\times 6} = \frac{1}{n}\begin{pmatrix} 4\,529.4 & 9\,044.9 & 13\,568 & 18\,091 & 22\,615 & 27\,892 \\ 9\,044.9 & 18\,097 & 27\,139 & 36\,187 & 45\,234 & 55\,789 \\ 13\,568 & 27\,139 & 40\,771 & 54\,281 & 67\,852 & 83\,685 \\ 18\,091 & 36\,187 & 54\,281 & 72\,414 & 90\,470 & 111\,580 \\ 22\,615 & 45\,234 & 67\,852 & 90\,470 & 113\,262 & 139\,476 \\ 27\,892 & 55\,789 & 82\,685 & 111\,580 & 139\,476 & 172\,860 \end{pmatrix}$$

构造的检验统计量为

$$Q_n = (\boldsymbol{G}-E(\boldsymbol{G}))^T\Sigma_{\boldsymbol{G}}^{-1}(\boldsymbol{G}-E(\boldsymbol{G})) = \frac{1}{n}\sum_{i=1}^{6}\sum_{j=1}^{6}a_{ij}(g_i-nb_i)(g_j-nb_j)$$

在样本量 n 趋于无穷时, 可证明 Q_n 渐近服从 $\chi^2(6)$. 在原假设是 $[0,1]$ 上均匀随机数的情况

下, 样本量 $n = 200$. R 程序计算如下:

```
##变量值随机性检验--游程检验
set.seed(1)
n=200
B=c(1/6,5/24,11/120,19/720,29/5040,1/840)
A=matrix(data = c(4529.4,9044.9,13568,18091,22615,27892,
                  0,18097,27139,36187,45234,55789,
                  0,0,40721,54281,67852,83685,
                  0,0,0,72414,90470,111580,
                  0,0,0,0,113262,139476,
                  0,0,0,0,0,172860),byrow=T,nrow=6,ncol=6)
A=A+t(A)-diag(diag(A),nrow = 6,ncol = 6)
G = matrix(0,nrow = 1000,ncol = 6)
res = NULL
for (i in 1:1000) {
  data=runif(n,min = 0,max = 1)
  beg_stop=1
  for (j in 1:(n-1)) {
    if(data[j+1]<data[j])
      beg_stop=c(beg_stop,j+1)
  }
  beg_stop=c(beg_stop,n+1)
  end=length(beg_stop)
  runs = beg_stop[2:end]-beg_stop[1:(end-1)] #确定游程长度
  G[i,]=c(sum(runs==1),sum(runs==2),sum(runs==3),
          sum(runs==4),sum(runs==5),sum(runs>=6))
  stat=t(G[i,]-n*B)%*%(A/n)%*%((G[i,]-n*B))
  res[i] = stat>=qchisq(0.95,6)
}
mean(res)
```

以上按上升游程进行游程检验, 同样也可以按下降游程进行检验, 检验统计量的形式不变.

4.3 两样本的非参数检验

本节首先回顾两样本情形下常用的三种非参数检验方法, 并估计或验证这些方法的功效. 对于来自两个独立总体的两个样本 $X_1, X_2, \cdots, X_n$ 和 $Y_1, Y_2, \cdots, Y_m$, 我们通常关心两个样本统计特征的差异, 一般将这一类问题称为两样本问题.

4.3.1 两样本的曼 – 惠特尼 U 检验

本小节考虑两样本的差异仅存在于位置参数, 例如总体均值、中位数等. 这里设总体 X 和 Y 分别具有连续分布函数 $F(x)$ 和 $F(x-\mu)$, 这一问题的原假设和备择假设分别是 $H_0: \mu = 0$ 和 $H_1: \mu \neq 0$.

对于上述两样本问题中的位置检验问题, 曼 – 惠特尼 U 检验 (Wilcoxon 秩和检验) 是应用较广泛的非参数检验方法. 其基本原理是: 当 H_0 成立时, 将样本 $X_1, X_2, \cdots, X_n$ 和 $Y_1, Y_2, \cdots, Y_m$ 混合并排序, 两个样本计算得到的秩和不应太大或太小. 具体地, 将各样本观测值的秩记为 $\{R_1, R_2, \cdots, R_n\}$ 和 $\{R_{n+1}, R_{n+2}, \cdots, R_{n+m}\}$, Wilcoxon 秩和检验统计量定义为

$$W_x = \sum_{i=1}^{n} R_i \quad 和 \quad W_y = \sum_{i=n+1}^{m+n} R_i$$

注意到 $W_x + W_y = (m+n)(m+n+1)/2$. 因此, Wilcoxon 秩和检验统计量 W_x 和 W_y 是一一对应的. 在原假设下, 我们有

$$E(W_x) = \frac{n(m+n+1)}{2}, \quad \mathrm{Var}(W_x) = \frac{mn(m+n+1)}{12}$$

$$E(W_y) = \frac{m(m+n+1)}{2}, \quad \mathrm{Var}(W_y) = \frac{mn(m+n+1)}{12}$$

当 m, n 趋于无穷时, 可证明标准化的 W_x 和 W_y 渐近服从正态分布.

对 Wilcoxon 秩和检验统计量 W_x 进行变形, 有

$$\begin{aligned} W_x &= \sum_{i=1}^{n}\sum_{k=1}^{m} I(Y_k \leqslant X_i) + \sum_{i=1}^{n}\sum_{j=1}^{n} I(X_j \leqslant X_i) \\ &= \sum_{i=1}^{n}\sum_{k=1}^{m} I(Y_k \leqslant X_i) + \frac{n(n+1)}{2} \end{aligned}$$

令 $W_{yx} = (mn)^{-1} \sum_{i=1}^{n}\sum_{k=1}^{m} I(Y_k \leqslant X_i)$, 可见 W_x 和 W_{yx} 之间具有线性变换关系. 统计量 W_{yx} 具有 U 统计量的形式, 因此也称为曼 – 惠特尼 U 统计量. 根据 U 统计量的性质, 可以证明原假设下 W_{yx} 的渐近正态性, 即

$$\frac{W_{yx} - 1/2}{\sqrt{(m+n+1)/(12mn)}} \xrightarrow{L} N(0,1)$$

设置 $m = 50$, $n = 80$, 分别从两个总体 $N(0,1)$ 和 $N(0.3,1)$ 产生样本 $X_1, X_2, \cdots, X_n$ 和 $Y_1, Y_2, \cdots, Y_m$, 由于统计量 W_x, W_y 和 W_{yx} 是一一对应的, 因此这里只给出 W_x, W_y 的计算方法, 计算基于 W_{yx} 的曼 – 惠特尼 U 检验的功效. R 程序如下:

```
##Wilcoxon秩和检验
set.seed(1)
m=50
n=80
resu = NULL
```

```
for (i in 1:1000){
  X_data=rnorm(n,0,1)
  Y_data=rnorm(m,0.3,1)
  Data=c(X_data,Y_data)
  Rank=rank(Data)
  W_x=sum(Rank[1:n])
  W_y=sum(Rank[(n+1):(n+m)])
  W_xy=(W_x-n*(n+1)/2)/(m*n)
  stat=(W_xy-1/2)/sqrt((m+n-1)/(12*m*n))
  resu[i]=as.numeric(abs(stat)>1.96)
}
mean(resu)
```

4.3.2 两样本的 K-S 检验

在两样本问题中, 除位置差异外, 两个样本的差异还可能存在于尺度、峰度、偏度等方面. 另外一类检验考虑比较两个总体分布函数间的差异, 称为同分布检验. 由于经验分布函数是总体分布函数的相合估计, 所以基于经验分布函数构造的 K-S 检验是两样本问题中重要的非参数方法之一.

这里设总体 X 和 Y 具有连续分布函数 $F(x)$ 和 $G(x)$, 同分布检验的原假设和备择假设为: $H_0: F(x)=G(x), H_1: F(x)\neq G(x)$. 用 $F_n(x)=\sum\limits_{i=1}^{n}I(X_i\leqslant x)/n$ 和 $G_m(x)=\sum\limits_{i=1}^{m}I(Y_i\leqslant x)/m$ 分别表示两个样本的经验分布函数, 两样本的 K-S 检验统计量为:

$$D_N=\max\left[\max_{1\leqslant i\leqslant n}(|F_n(X_i)-G_m(X_i)|),\max_{1\leqslant j\leqslant m}(|F_n(Y_j)-G_m(Y_j)|)\right]$$

记 $N=m+n$, 与单样本 K-S 检验的检验统计量 K_n 类似, H_0 成立时, 统计量 D_N 依分布收敛于 Kolmogorov 分布, 其分布函数为

$$P(D_N\leqslant x)=1-2\sum_{j=1}^{\infty}(-1)^j\exp\{-2j^2mnx^2/N\},0<x<\infty \tag{4.3.1}$$

对于给定的显著性水平 $\alpha=0.05$, 两样本 K-S 检验统计量 D_N 的临界值为 $1.36\sqrt{N/mn}$. 因此, 当 $D_N>1.36\sqrt{N/mn}$ 时拒绝 H_0.

对于固定的备择假设, 可以用两种方法来估计检验统计量 D_N 的功效. 选取样本量 $m=50, n=30, X_1,X_2,\cdots,X_n$ 从自由度为 3 的 t 分布中产生, $Y_1,Y_2,\cdots,Y_m$ 产生自分布 $\chi^2(1)-1$. 检验两样本是否来自同一分布. 当 $D_N>1.36\sqrt{N/mn}$ 时, 拒绝 H_0. 根据式 (4.3.1), 可以计算检验统计量观测值的 p 值, 当 p 值小于 0.05 时, 拒绝 H_0. R 程序计算如下:

```
###同分布检验——K-S检验(柯氏检验)
set.seed(1)
m=50
n=30
```

```
N=m+n
stat1 = NULL
res1 = NULL
res2 = NULL
for (i in 1:1000){
  X_data=rt(n,3)
  Y_data=rchisq(m,1)-1
  F_nx=rowMeans((matrix(1,n,1)%*%X_data)<=
  (X_data%*%matrix(1,1,n)))
  F_ny=rowMeans((matrix(1,m,1)%*%X_data)<=
  (Y_data%*%matrix(1,1,n)))
  G_mx=rowMeans((matrix(1,n,1)%*%Y_data)<=
  (X_data%*%matrix(1,1,m)))
  G_my=rowMeans((matrix(1,m,1)%*%Y_data)<=
  (Y_data%*%matrix(1,1,m)))
  D_x=max(abs(F_nx-G_mx))
  D_y=max(abs(F_ny-G_my))
  stat1=max(D_x,D_y)
  res1[i]=as.numeric(stat1>=1.36*sqrt(N/(m*n))) #确定临界值
  index=seq(1,10000,1)
  p_val=2*sum((-1)^(index-1)*exp(-2*m*n*index^2*stat1^2/N))
  res2[i]=as.numeric(p_val<0.05)
  #判断p值是否小于犯一类错误的概率
}
c(mean(res1),mean(res2))
```

4.3.3　两样本的游程检验

Wald-Wolfowitz 游程检验是把两个样本混合之后排序, 将来自同一样本的观测值序列称为一个游程, 利用数据中的游程个数来检验两样本服从的分布是否一样. 例如, 把数据来自第一个样本和第二个样本分别标记为 0 和 1, 如果样本序列被表示为 110100111, 则这个过程中的总游程数为 $W=5$, 由 0 组成游程的个数为 $U=2$, 由 1 组成游程个数为 $V=3$, 有 $W=U+V$ 成立. 注意到, 如果两组样本来自具有相同分布的总体, 那么两组样本在混合样本中排序是完全随机的, 则总游程个数不应太小. 如果两组样本来自具有不同分布的总体, 则游程个数较少, 且总游程数最少为 2. Wald-Wolfowitz 游程检验的统计量基于 W 构造.

当 H_0 成立时, 根据两样本排序的随机性, 可得 W 的精确分布, 即

$$P(W=2k)=2\frac{\begin{pmatrix}m-1\\k-1\end{pmatrix}\begin{pmatrix}n-1\\k-1\end{pmatrix}}{\begin{pmatrix}m+n\\m\end{pmatrix}},\quad k=1,2,\cdots,\min(m,n)$$

$$P(W=2k-1)=\frac{\binom{m-1}{k-1}\binom{n-1}{k-2}+\binom{m-1}{k-2}\binom{n-1}{k-1}}{\binom{m+n}{m}}, \quad k=2,3,\cdots,\min(m,n)+1$$

进而有 $E(W)=2mn/N+1$, $\mathrm{Var}(W)=2mn(2mn-N)/[N^2(N-1)]$, 这里 $N=m+n$. 当 m,n 趋于无穷时, 可以证明 W 渐近服从正态分布. 设 $\lim\limits_{m,n\to\infty} n/(m+n)=\tau$, 有

$$\frac{W-2N\tau(1-\tau)}{\sqrt{4N\tau^2(1-\tau)^2}} \xrightarrow{L} N(0,1)$$

设置样本量 $m=50, n=30$, $X_1,X_2,\cdots,X_n$ 从自由度为 3 的 t 分布总体中产生, $Y_1,Y_2,\cdots,Y_m$ 产生自服从 $\chi^2(1)-1$ 分布的总体, 计算统计量 W 在同分布检验中的功效. R 程序计算如下:

```
###同分布检验—Wald-Wolfowitz游程检验
set.seed(1)
m=50
n=30
N=m+n
res1 = NULL
for (i in 1:1000){
  X_data=rt(n,3)
  Y_data=rchisq(m,1)-1
  # Y_data=rt(m,3) 原假设成立
  Data=c(X_data,Y_data)
  Runs=as.numeric(order(Data)<=n)
  W=1
  for (j in 1:(length(Runs)-1)){
    if (Runs[j]!=Runs[j+1])
      W=W+1
    }
  E=2*m*n/N+1;
  V=2*m*n*(2*m*n-N)/(N^2*(N-1))
  #resu[i]=(W-E)/sqrt(V)
  res1[i]=as.numeric(abs((W-E)/sqrt(V))>=1.96)
  }
mean(res1)
```

4.4 独立性检验

在实际应用中, 除了研究数据的异质性, 还关心两个变量之间的相依关系. 例如, 消费者对不同商品的选择是否和所处的年龄段有关, 某种疾病的处理结果是否和处理方法有关. 对于这类分类变量之间的相依关系, 用列联分析构造独立性检验. 连续性变量之间的相依

关系用相关系数来度量. Pearson 相关系数 r 常用于度量两变量间的线性关系, 另外, Spearman r_s 相关系数和 Kendall τ 相关系数是度量变量间单调 (不一定为线性) 关系的非参数方法.

4.4.1 列联分析检验

本节介绍两个分类变量间的独立性检验方法. 二维列联表是指对观测个体的两个特征进行分类计算得到的频数分布表. 设 n 个样本可按照两个特征 A (r 个水平) 和 B (c 个水平) 进行分类, 二维列联表为:

	B_1	B_2	$\cdots$	B_c	合计
A_1	n_{11}	n_{12}	$\cdots$	n_{1c}	$n_{1\cdot}$
A_2	n_{21}	n_{22}	$\cdots$	n_{2c}	$n_{2\cdot}$
$\vdots$	$\vdots$	$\vdots$		$\vdots$	$\vdots$
A_r	n_{r1}	n_{r2}	$\cdots$	n_{rc}	$n_{r\cdot}$
合计	$n_{\cdot 1}$	$n_{\cdot 2}$	$\cdots$	$n_{\cdot c}$	n

其中, n_{ij} 表示同时具有 A_i 和 B_j 特征的实际频数. 用 p_{ij} 表示第 i 行、第 j 列格子的理论频率, 相应第 i 行和第 j 列的理论频率为 $p_{i\cdot}=\sum\limits_{j=1}^{c}p_{ij}$ 和 $p_{\cdot j}=\sum\limits_{i=1}^{r}p_{ij}$, 且 n_{ij}/n 是 p_{ij} 的极大似然估计. 当行变量和列变量独立时, 有 $p_{ij}=p_{i\cdot}p_{\cdot j}$. 因此, 分类变量间的独立性检验就可以转换为 $p_{ij}=p_{i\cdot}p_{\cdot j}$ 的拟合优度检验. 在原假设成立时, 应该有 $n_{ij}\approx\dfrac{n_{i\cdot}n_{\cdot j}}{n}$, 其统计量称为 Pearson χ^2 统计量, 即

$$Q=\sum_{i=1}^{r}\sum_{j=1}^{c}\frac{(n_{ij}-n_{i\cdot}n_{\cdot j}/n)^2}{n_{i\cdot}n_{\cdot j}/n} \tag{4.4.1}$$

且在原假设下, 可以证明 $Q\xrightarrow{L}\chi^2((r-1)(c-1))$.

观测值落入 (i,j) 格的概率为 p_{ij}, 因此, 观测频数服从多项分布, 其概率密度为

$$\frac{n!}{\prod\limits_{i=1}^{r}\prod\limits_{j=1}^{c}n_{ij}!}\prod_{i=1}^{r}\prod_{j=1}^{c}p_{ij}^{n_{ij}}$$

由于 $\sum\limits_{i=1}^{r}\sum\limits_{j=1}^{c}p_{ij}=1$, 所以 p_{ij} $(i=1,2,\cdots,r,j=1,2,\cdots,c)$ 中的独立参数有 $rc-1$ 个, 且 p_{ij} 的极大似然估计为 $\widehat{p}_{ij}=n_{ij}/n$. 当原假设 $p_{ij}=p_{i\cdot}p_{\cdot j}$ 成立时, 有 $\sum\limits_{i=1}^{r}p_{i\cdot}=\sum\limits_{j=1}^{c}p_{\cdot j}=1$, 因此 $p_{i\cdot}$ $(i=1,2,\cdots,r)$ 和 $p_{\cdot j}$ $(j=1,2,\cdots,c)$ 中共有 $r+c-2$ 个独立参数. 此时, p_{ij} 的极大似然估计为 $\widehat{p}_{i\cdot}\widehat{p}_{\cdot j}=(n_{i\cdot}/n)(n_{\cdot j}/n)$. 因此, 该检验问题的似然比统计量为:

$$\Lambda = \frac{\prod_{i=1}^{r}\prod_{j=1}^{c}\left(\frac{n_{ij}}{n}\right)^{n_{ij}}}{\prod_{i=1}^{r}\prod_{j=1}^{c}\left(\frac{n_{i.}}{n}\frac{n_{.j}}{n}\right)^{n_{ij}}} \tag{4.4.2}$$

由于 $(rc-1)-(r+c-2)=(r-1)(c-1)$, 故在原假设成立时, $2\ln\Lambda$ 的极限分布为 $\chi^2((r-1)(c-1))$. 在原假设下可证明式 (4.4.1) 中的 Q 和式 (4.4.2) 中的 Λ 具有如下关系:

$$2\ln\Lambda = Q + o_p(1)$$

根据 Pearson χ^2 统计量的思想, 统计量 Q 通过累积每个小格子中联合频数和边际频数之积的差异来检验分类变量间的独立性. 当数据来自连续型分布时, 通过将连续型变量的取值范围划分为不同区间使其离散化, 从而将问题转化为分类变量的独立性检验问题. 这一做法在实际数据分析中也是合理的, 例如研究年龄对不同商品的选择是否有影响时, 可以将年龄划分为 k 个区间, 从而研究不同年龄段和商品的选择是否独立. 接下来, 通过一个例子来详细阐述这一做法. 取样本量 $n=100$, 假设数据 $(X_1,Y_1),(X_2,Y_2),\cdots,(X_n,Y_n)$ 服从二元正态分布, X 和 Y 的均值均为 0, 方差都为 1, 相关系数为 0.6. 我们将 $\{X_1,X_2,\cdots,X_n\}$ 和 $\{Y_1,Y_2,\cdots,Y_n\}$ 分别划分 $k=8$ 个区间, 然后计算 Pearson χ^2 统计量 Q 对该检验问题的功效.

```
###独立检验--列联表检验
set.seed(1)
library(MASS)
k=8
n=100
Sigma = matrix(c(1,0.6,0.6,1),2,2)
res1 = NULL
for (i in 1:1000) {
  data=mvrnorm(n, rep(0, 2), Sigma)
  X_data=data[,1]
  Y_data=data[,2]
  Sx=sort(X_data)
  Sy=sort(Y_data)
  inter_x=seq(min(X_data),max(X_data),
              by=(max(X_data)-min(X_data))/k)
  inter_y=seq(min(Y_data),max(Y_data),
              by=(max(Y_data)-min(Y_data))/k)
  left_inter_x=rep(1,n)%*%t(inter_x[1:k])
  right_inter_x=rep(1,n)%*%t(inter_x[2:(k+1)])
  left_inter_y=rep(1,n)%*%t(inter_y[1:k])
  right_inter_y=rep(1,n)%*%t(inter_y[2:(k+1)])
  Data1=(X_data)%*%t(rep(1,k))
  Data2=(Y_data)%*%t(rep(1,k))
```

```
  frequx=(left_inter_x<=Data1)&(Data1<right_inter_x)
  frequy=(left_inter_y<=Data2)&(Data2<right_inter_y)
  frequxy = t(frequx)%*%frequy
  pi=apply(t(frequxy),2,sum)/n
  pj=apply(frequxy,2,sum)/n
  pij=pi%*%t(pj)
  A=(frequxy-n*pij)^2/(n*pij)
  A[is.nan(A)]=0
  stat1=sum(A)
  res1[i]=stat1>qchisq(0.95,(k-1)^2)
}
mean(res1)
```

4.4.2 相关系数检验

对于两个连续型变量而言, 常用相关系数来衡量二者间的相关程度. 本小节主要介绍三种相关系数的定义及其性质, 并给出具体的模拟计算三种相关系数的检验功效.

首先考虑两个变量间的线性相关关系. 变量 X 和 Y 间的相关系数定义为 ρ, 即

$$\rho=\frac{E(XY)-E(X)E(Y)}{\sqrt{\mathrm{Var}(X)\mathrm{Var}(Y)}}$$

显然, ρ 取值在 -1 到 1 之间. $|\rho|=1$ 说明 X 和 Y 之间存在完全线性关系. 如果 X 和 Y 相互独立, 则有 $\rho=0$. 关心两个变量间是否存在简单线性关系, 即检验: H_0: $\rho=0, H_1$: $\rho\neq 0$.

样本 $(X_1,Y_1),(X_2,Y_2),\cdots,(X_n,Y_n)$ 的相关程度用 Pearson 相关系数 r 度量, 即

$$r=\frac{\sum\limits_{i=1}^{n}(X_i-\overline{X})(Y_i-\overline{Y})}{\sqrt{\sum\limits_{i=1}^{n}(X_i-\overline{X})^2\sum\limits_{i=1}^{n}(Y_i-\overline{Y})^2}}$$

当 (X,Y) 服从二元正态分布时, 在原假设下, 可以证明

$$t=r\sqrt{\frac{n-2}{1-r^2}}\sim t(n-2)$$

注意到, 当数据来自正态分布时, 独立和不相关等价. 因此, 在正态性假设下, 可以用统计量 t 检验数据间的独立性. 但在实际分析中, 很多数据难以满足正态性假定, 同时用简单相关系数也不能反映出变量 X 和 Y 间的相依关系. 因此, 对于检验问题: H_0: X 和 Y 是不相关的, H_1: X 和 Y 是相关的, Pearson 相关系数 r 不再适用. Spearman r_s 秩相关系数和 Kendall τ 相关系数是常用的度量数据间单调关系的非参数方法.

首先介绍 Spearman r_s 秩相关系数. 记 (X_i,Y_i) 在各自样本中的秩为 (R_i,S_i), 如果 X 和 Y 具有一定的单调关系, 那么 X 和 Y 的秩应该具有一定的线性相关关系. 因此, Spearman r_s 秩相关系数通过研究两组数据秩的线性相关系数检验原始数据的单调性, 定义为

$$r_s = \frac{\sum_{i=1}^{n}(R_i - \overline{R})(S_i - \overline{S})}{\sqrt{\sum_{i=1}^{n}(R_i - \overline{R})^2 \sum_{i=1}^{n}(S_i - \overline{S})^2}} \tag{4.4.3}$$

其中, $\overline{R} = \sum_{i=1}^{n} R_i/n$ 和 $\overline{S} = \sum_{i=1}^{n} S_i/n$ 是样本的平均秩, 且 $\overline{R} = \overline{S} = (n+1)/2$. 用 $d_i^2 = (R_i - S_i)^2$ 表示个体 X_i 和 Y_i 在各自样本中的秩差平方. 如果 $d_i^2(i = 1, 2, \cdots, n)$ 一致大, 说明两组数据间存在负相关关系, 如果 $d_i^2(i = 1, 2, \cdots, n)$ 一致小, 说明两组数据间存在正相关关系. 因此, 也可以用 $\sum_{i=1}^{n} d_i^2$ 度量两组数据间的相关关系. 简单的计算表明, 式 (4.4.3) 也可以简化为

$$r_s = 1 - \frac{6\sum_{i=1}^{n} d_i^2}{n(n^2 - 1)}$$

和 Pearson 相关系数 r 一样, $-1 \leqslant r_s \leqslant 1$. 当样本量 n 充分大时, 在原假设下, 可以证明统计量 r_s 的渐近正态性, 即

$$r_s\sqrt{n-1} \xrightarrow{L} N(0, 1)$$

Kendall τ 相关系数的思想是用所有 X 和 Y 的数对中方向一致和方向相反的数对比例差异来检验 X 和 Y 的单调关系. 具体地, n 个观测数据 $(X_1, Y_1), (X_2, Y_2), \cdots, (X_n, Y_n)$ 中可以产生 $\binom{n}{2}$ 组数对, 即 $\{X_i, X_j\}$ 和 $\{Y_i, Y_j\}$, $1 \leqslant i \leqslant j \leqslant n$. 如果 $(X_i - X_j)(Y_i - Y_j) > 0$, 则称该数对方向一致; 如果 $(X_i - X_j)(Y_i - Y_j) < 0$, 则称该数对方向相反. 当数据正相关时, 方向一致的数对倾向较多; 当数据负相关时, 方向相反的数对倾向较多. 因此, 两种数对的数目之差可以用来衡量两变量间的相关程度. 记 sign$(\cdot)$ 为符号函数, Kendall τ 相关系数定义为:

$$\tau = \binom{n}{2}^{-1} \sum_{1\leqslant i\leqslant j\leqslant n} \mathrm{sign}((X_i - X_j)(Y_i - Y_j))$$

当所有数对的方向均一致时, $\tau = 1$; 当所有数对的方向均相反时, $\tau = -1$. 因此, 和前两种相关系数一样, Kendall τ 相关系数也满足 $-1 \leqslant \tau \leqslant 1$. 当样本量 n 充分大时, 在原假设下, 可以证明统计量 τ 的渐近正态性, 即

$$\tau\sqrt{\frac{9n(n-1)}{2(2n+5)}} \xrightarrow{L} N(0, 1)$$

接下来通过数值计算来计算 Spearman r_s 秩相关系数和 Kendall τ 相关系数的检验功效. 取样本量 $n = 100$, 按照以下设置产生数据, $X_i \sim N(0, 1)$, $Y_i = \beta_1 X_i + \beta_2 X_i^2 + \epsilon_i$, $i = 1, 2, \cdots, n$, 其中 $\beta_1 = 0.5$, $\beta_2 = -1$, $\epsilon_i \sim N(0, 1/n)$. R 程序如下:

```
###独立检验--相关系数检验
set.seed(1)
n=100
beta1=0.5
beta2=-1
res1 = NULL
res2 = NULL
for (i in 1:1000){
  X_data=rnorm(n,0,1)
  epsilon=rnorm(n,0,1/sqrt(n))
  Y_data=beta1*X_data+beta2*X_data^2+epsilon
  R=rank(X_data)
  S=rank(Y_data)
  r_s=1-6*mean((R-S)^2)/(n^2-1)
  XX=X_data%*%t(rep(1,n))-rep(1,n)%*%t(X_data)
  YY=Y_data%*%t(rep(1,n))-rep(1,n)%*%t(Y_data)
  tau=sum(sign(XX*YY))/(n*(n-1))
  res1[i]=abs(r_s*sqrt(n-1))>1.96
  res2[i]=abs(tau*sqrt(9*n*(n-1)/(4*n+10)))>1.96
}
c(mean(res1),mean(res2))
```

习题

4.1　设 $X_1, X_2, \cdots, X_n$ 和 $Y_1, Y_2, \cdots, Y_m$ 分别是来自总体 $N(\mu_1, \sigma^2)$ 和 $N(\mu_2, \sigma^2)$ (σ 未知) 的两个独立样本, 检验原假设和备择假设分别为: $H_0: \mu_1 = \mu_2$, $H_1: \mu_1 \neq \mu_2$. 取 $n = 100$, $m = 50$, $\mu_1 = 0$, $\mu_2 = 2$, $\sigma = 1$, 用数值计算方法估计上述检验问题的功效.

4.2　35 位健康男性在未进食前的血糖浓度如下, 分别用卡方检验和单样本 K-S 检验方法来检验这组数据是否来自均值 $\mu = 80$、标准差 $\sigma = 6$ 的正态分布总体, 用数值计算方法进行分析.

87	77	92	68	80	78	84	77	81	80	80	77	92	86
76	80	81	75	77	72	81	90	84	86	80	68	77	87
76	77	78	92	75	80	78							

注: 使用卡方检验时应选择合理的区间分割, 要求各组观测值个数不低于 5 个.

4.3　设 $X_1, X_2, \cdots, X_n$ 和 $Y_1, Y_2, \cdots, Y_m$ 分别是来自总体 $U(\theta_1, \theta_1 + 1)$ 和 $U(\theta_2, \theta_2 + 1)$ 的两个独立样本, 检验原假设和备择假设分别为: $H_0: \theta_1 = \theta_2$, $H_1: \theta_1 \neq \theta_2$. 取 $n = 30$, $m = 50$, $\theta_1 = 0$, $\theta_2 = 0.5$, 分别用曼 – 惠特尼 U 检验和两样本游程检验方法分析上述假设检验问题, 并采用数值计算方法估计功效.

4.4　设 $X_1, X_2, ..., X_n$ 和 $Y_1, Y_2, \cdots, Y_m$ 分别是来自总体 X 和 Y 的两个独立样本, X 与

Y 的分布函数分别为 $F(x)$ 和 $G(y)$, 检验的原假设和备择假设分别为: $H_0: F(x) = G(y)$, $H_1: F(x) \neq G(y)$. 取 $m = 50$, $n = 30$, $X \sim N(0,1)$, $Y \sim N(0,2)$, 用两样本 K-S 检验构造检验统计量, 并采用数值计算方法估计检验统计量的功效.

4.5 分类变量 X 和 Y 分别有 r 和 c 种可能性, 分别记为 $X = i\ (i = 1, 2, \cdots, r)$ 以及 $Y = j(j = 1, 2, \cdots, c)$. 将同时满足 $X = i\ (i = 1, 2, \cdots, r)$ 和 $Y = j\ (j = 1, 2, \cdots, c)$ 的样本观测频数记为 n_{ij}. 固定 r, c, n_{ij}, 利用列联分析方法检验 X 和 Y 是否独立, 并用数值分析方法计算检验的功效.

第5章 降低方差的统计方法

无论在统计方法的理论中, 还是实际分析问题时, 往往需要对感兴趣的未知参数进行估计. 在无偏或者渐近无偏的情况下, 估计量的方差是衡量估计优劣的重要指标之一. 在本章中, 我们将给出几种常见的降低估计量方差的方法.

5.1 估计定积分的例子

首先介绍两种比较直观的估计定积分的方法: 随机投点法和平均值估计法.

5.1.1 随机投点法

本节讨论积分 $I=\int_0^1 f(x)\mathrm{d}x, 0\leqslant f(x)\leqslant 1$ 的随机投点估计及其统计性质. 注意到积分 I 是由函数 $f(x)$ 在区间 $[0,1]$ 形成的曲边梯形 S 的面积, 见图 5–1. 向正方形 $\{0\leqslant x\leqslant 1, 0\leqslant y\leqslant 1\}$ 内随机投点 $\{\xi_i,\eta_i\}(i=1,2,\cdots,n)$, 其中 $\xi_i\sim U(0,1),\eta_i\sim U(0,1)$ 且相互独立. 计算落入区域 S 内点的比例估计 I, 也就是

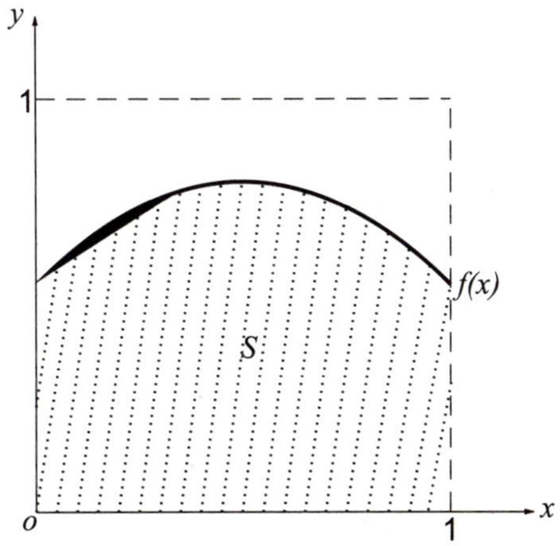

图 5–1　函数 $f(x)$ 在 $[0,1]$ 上积分示意图

$$\widehat{I}_1 = \frac{1}{n}\sum_{i=1}^{n} I_{(\xi_i,\eta_i)\in S} = \frac{1}{n}\sum_{i=1}^{n} I_{\eta_i \leqslant f(\xi_i)} \tag{5.1.1}$$

对于式 (5.1.1) 中 I 的估计, 简单计算可得

$$E(\widehat{I}_1) = E(I_{\eta\leqslant f(\xi)}) = \int_0^1 \int_0^{f(x)} \mathrm{d}y\mathrm{d}x = \int_0^1 f(x)\mathrm{d}x = I$$

其中 $\widehat{I}_1$ 是 I_1 的无偏估计. 估计的方差如下:

$$\begin{aligned}\mathrm{Var}(\widehat{I}_1) &= \frac{1}{n}\mathrm{Var}(I_{\eta\leqslant f(\xi)}) = \frac{1}{n}E(I_{\eta\leqslant f(\xi)} - I)^2 \\ &= \frac{1}{n}E(I_{\eta\leqslant f(\xi)} - 2II_{\eta\leqslant f(\xi)} + I^2) = \frac{1}{n}(I - I^2) = \frac{1}{n}I(1-I)\end{aligned}$$

事实上, $I_{(\xi_i,\eta_i)\in S} \sim \mathrm{Bino}(1, I)(i = 1, 2, \cdots, n)$, 根据二项分布的性质不难得到估计 $\widehat{I}_1$ 的均值和方差.

如果 $f(x)$ 的定义在一般区间 $[a, b]$, 且 $f(x)$ 在定义域区间 $[a, b]$ 上有界, 也就是 $c \leqslant f(x) \leqslant d$, 那么通过变换可以转换成积分区间在 $[0, 1]$ 上, 且被积函数取值在 $[0, 1]$ 之间. 具体转换如下, 令 $x = (b-a)u + a$, 则有

$$\begin{aligned}\int_a^b f(x)\mathrm{d}x &= (b-a)\int_0^1 f(a+(b-a)u)\mathrm{d}u \\ &= (b-a)\int_0^1 (d-c)\frac{f(a+(b-a)u) - c + c}{d-c}\mathrm{d}u \\ &= (b-a)(d-c)\int_0^1 \frac{f(a+(b-a)u) - c}{d-c}\mathrm{d}u + c(b-a) \\ &= (b-a)(d-c)\int_0^1 \varphi(u)\mathrm{d}u + c(b-a)\end{aligned}$$

这里 $\varphi(u) = (f(a+(b-a)u) - c)/(d-c)$. 注意到 $c \leqslant f(x) \leqslant d$, $0 \leqslant \varphi(u) \leqslant 1$. 因此关于 $f(x)$ 在 $[a, b]$ 上的积分问题转换成 $[0, 1]$ 上的积分问题, 并且被积分的函数在 $[0, 1]$ 取值. 故只需把随机投点法应用到估计 $\int_0^1 \varphi(u)\mathrm{d}u$. 当然也可以直接向长方形区域 $\{a \leqslant x \leqslant b, c \leqslant y \leqslant d\}$ 随机投点 $(\xi_i, \eta_i)(i = 1, 2, \cdots, n)$, 其中 ξ_i, η_i 分别为 $[a, b]$, $[c, d]$ 区间的均匀分布, 且独立. 基于此随机投点得到 $\int_a^b f(x)\mathrm{d}x$ 的估计.

▶ **例 5.1.1** 用随机投点法估计 $I = \int_0^1 (\sin x/x)\mathrm{d}x$.

R 程序计算如下:

```
n=1000
x=runif(n);
y=runif(n)
g=function(x) sin(x)/x
I=length(x[y<=g(x)])/n #sum(y<=g(x))/n
plot(x,y,pch=16,col=c((y<=g(x))+1))
lines(sort(x),g(sort(x)),col="blue",lwd=2)
```

5.1.2 平均值估计法

本节讨论积分 $I=\int_0^1 f(x)\mathrm{d}x$ 的平均值估计, 这里 $f(x)$ 取值范围为 $[0,1]$, 注意到

$$I=\int_0^1 f(x)\mathrm{d}x=E(f(R))$$

这里 $R\sim U(0,1)$. 上式表明积分值 I 是随机变量 $f(R)$ 的数学期望, 可以用 $E(f(R))$ 的估计去估计 I. 产生均匀随机数 $r_1,r_2,\cdots,r_n$, 积分 I 的平均值估计为

$$\widehat{I}_2=\frac{1}{n}\sum_{i=1}^{n}f(r_i)$$

对估计 $\widehat{I}_2$, 不难验证它是无偏的, 也就是 $E(\widehat{I}_2)=Ef(r_i)=E(f(R))=I$. 对于 $\mathrm{Var}(\widehat{I}_2)$, 通过下式计算:

$$\mathrm{Var}(\widehat{I}_2)=\frac{1}{n}\mathrm{Var}f(R)=\frac{1}{n}(Ef^2(R)-I^2)$$

对于随机投点估计, $\mathrm{Var}(\widehat{I}_1)=n^{-1}(I-I^2)=n^{-1}(Ef(R)-I^2)$. 注意到 $0\leqslant f(x)\leqslant 1$, 因此 $\mathrm{Var}(\widehat{I}_2)\leqslant\mathrm{Var}(\widehat{I}_1)$.

积分 $I=\int_0^1 f(x)\mathrm{d}x$ 的两种不同估计方法 (随机投点法和平均值估计法) 得到的估计都是无偏估计, 只是平均值估计法的方差更小.

▶ **例 5.1.2** 估计 $I=\int_0^1(\sin x/x)\mathrm{d}x$.

R 程序如下:

```
n=1000
x=runif(n)
I=sum(sin(x)/x)/n
```

5.2 对偶变量的应用

对偶变量法是一种比较简单的方差缩减技术, 主要是利用变量之间的负相关性来缩减方差. 假设我们对用模拟方法估计 $\mu=E(X)$ 感兴趣. 本节我们将重点介绍利用对偶变量法估计 μ.

1. 对偶变量估计 $E(X)$ 的思想

设 $X_1,X_2,\cdots,X_n$ 为样本数据, 则 $\mu=E(X)$ 的估计为 $\widehat{\mu}_1=n^{-1}\sum_{i=1}^{n}X_i$. 对偶变量估计的思想为: 假设存在 X 的对偶变量 $Y=g(X)$, 满足 X,Y 同分布且负相关. 易知 $E(X)=0.5E(X+Y)$. 此时, 利用 X 及其对偶变量 Y 的样本构造 μ 的估计如下:

$$\widehat{\mu}_2 = \frac{1}{2n}\sum_{i=1}^{n}(X_i + Y_i) = \frac{1}{2n}\sum_{i=1}^{n}(X_i + g(X_i))$$

对于估计 $\widehat{\mu}_1$ 和 $\widehat{\mu}_2$, 不难得到 $\mathrm{Var}(\widehat{\mu}_1) = n^{-1}\mathrm{Var}(X)$ 和 $\mathrm{Var}(\widehat{\mu}_2) = (4n)^{-1}(\mathrm{Var}(X) + \mathrm{Var}(Y) + 2\mathrm{Cov}(X, Y))$. 注意到 Y 和 X 的方差相同, 可得

$$\begin{aligned}&\mathrm{Var}(\widehat{\mu}_2) - \mathrm{Var}(\widehat{\mu}_1)\\ =&(4n)^{-1}(\mathrm{Var}(X) + \mathrm{Var}(Y) + 2\mathrm{Cov}(X, Y) - 4\mathrm{Var}(X))\\ =&(2n)^{-1}(\mathrm{Cov}(X, Y) - \mathrm{Var}(X))\end{aligned}$$

如果 $\mathrm{Var}(\widehat{\mu}_2)-\mathrm{Var}(\widehat{\mu}_1) \leqslant 0$, 只需 $\mathrm{Cov}(X, Y) \leqslant \mathrm{Var}(X)$. 等价地, X, Y 的相关系数 $\mathrm{Corr}(X, Y) = \mathrm{Cov}(X, Y)/\sqrt{\mathrm{Var}(X)\mathrm{Var}(g(X))} = \mathrm{Cov}(X, Y)/\mathrm{Var}(X) \leqslant 1$. 显然, 如果 X, Y 的协方差 $\mathrm{Cov}(X, Y) \leqslant 0$, $\mathrm{Var}(\widehat{\mu}_2) - \mathrm{Var}(\widehat{\mu}_1) \leqslant 0$. 因此, 只要 X, Y 同分布且负相关, 则 $\widehat{\mu}_2$ 的方差比 $\widehat{\mu}_1$ 的方差小. 基于对偶变量 Y 得到的估计 $\widehat{\mu}_2$ 称为对偶变量法.

下面的定理说明如果 X 是 $U(0,1)$ 均匀分布, 则很容易找到符合条件的对偶变量 $g(X)$.

定理 5.2.1 如果 X 是 $U(0,1)$ 均匀分布, 则 $g(X) = 1 - X$ 和 X 同分布, 且满足 $\mathrm{Cov}(X, g(X)) < 0$.

证明 由随机变量变换法可以求得随机变量 $g(X)$ 的密度函数为

$$f(x) = 1 \cdot I_{\{0\leqslant 1-x\leqslant 1\}} = 1 \cdot I_{\{0\leqslant x\leqslant 1\}}$$

也就是 $U(0,1)$ 均匀分布的密度函数. 直接计算可得

$$\begin{aligned}\mathrm{Cov}(X, g(X)) &= E(Xg(X)) - E(X)E(g(X))\\ &= \int_0^1 x(1-x)\mathrm{d}x - \frac{1}{2^2}\\ &= \frac{1}{2} - \frac{1}{3} - \frac{1}{4} < 0\end{aligned}$$

▶ **例 5.2.1** 根据 $U(0,1)$ 均匀分布生成的独立样本 $X_1, X_2, \cdots, X_n, n = 100$, 采用对偶变量法估计 $E(X)$.

R 程序计算如下:

```
n=100
hat_mu1=NULL
hat_mu2=NULL
for (i in 1:1000){
data=runif(n,0,1)
X=data
hat_mu1[i]=mean(X)
Y=(1-data)
hat_mu2[i]=0.5*mean(X+Y)
}
c(mean(hat_mu1),mean(hat_mu2),var(hat_mu1),var(hat_mu2))
```

2. 对偶变量估计 $E(f(U))$

假设 $U_1, U_2, \cdots, U_n$ 为来自 $U(0,1)$ 的均匀分布样本, 则 $\mu = E(f(U))$ 的估计为 $\widehat{\mu}_1 = (2n)^{-1}\sum_{i=1}^{2n} f(U_i)$. 如果 $f(\cdot)$ 是单调函数, 则对偶变量 $f(1-U)$ 与 $f(U)$ 同分布且 $\text{Cov}(f(1-U), f(U)) \leqslant 0$ (具体证明见定理 5.2.2). 由此构造 $\mu = E(f(U))$ 的对偶估计如下:

$$\widehat{\mu}_2 = \frac{1}{2n}\sum_{i=1}^{n}(f(U_i) + f(1-U_i))$$

且 $\widehat{\mu}_2$ 对 μ 的估计比 $\widehat{\mu}_1$ 要更好, 方差要更小.

定理 5.2.2　设 f 为单调函数, $U \sim U(0,1)$, 则 $\text{Cov}(f(U), f(1-U)) \leqslant 0$.

证明　不妨设 f 为单调增函数. 令 $g(x) = -f(1-x)$, 则 g 为单调增函数. 现在证明定理等价于证明 $\text{Cov}(f(U), g(U)) \geqslant 0$. 因为 f 和 g 都是单调增函数, 则对任意的 x 和 y 有

$$(f(x) - f(y))(g(x) - g(y)) \geqslant 0$$

对任何随机变量 X 和 Y, $(f(X) - f(Y))(g(X) - g(Y)) \geqslant 0$, 取期望得

$$E((f(X) - f(Y))(g(X) - g(Y))) \geqslant 0$$

或者等价于

$$E(f(X)g(X)) + E(f(Y)g(Y)) \geqslant E(f(X)g(Y)) + E(f(Y)g(X)) \tag{5.2.1}$$

式 (5.2.1) 对于任意的随机变量 X, Y 以及任意的单调函数 $f(x)$ 和 $g(x) = -f(1-x)$ 均成立. 特别地, 当随机变量 X 和 Y 独立同分布时有

$$\begin{aligned} E(f(X)g(X)) &= E(f(Y)g(Y)) \\ E(f(X)g(Y)) &= E(f(Y)g(X)) = E(f(X))E(g(Y)) \end{aligned}$$

此时式 (5.2.1) 化为

$$2E(f(X)g(X)) \geqslant 2E(f(X))E(g(Y)) = 2E(f(X))E(g(X))$$

则 $\text{Cov}(f(U), g(U)) = E(f(U)g(U)) - E(f(U))E(g(U)) \geqslant 0$, 定理证毕.

▶ **例 5.2.2**　利用对偶变量法, 估计 $E(\sqrt{1-U^2})$, 这里 U 是 $[0,1]$ 上的均匀分布.

注意到 $(1-u^2)^{1/2}$ 是 u 的单调函数, 根据定理 5.2.2, 可采用对偶变量法估计 $E(\sqrt{1-U^2})$. 从 $[0,1]$ 上均匀分布产生 $U_1, U_2, \cdots, U_n$, 则

$$\widehat{E}(\sqrt{1-U^2}) = \frac{1}{n}\sum_{i=1}^{n}\frac{\sqrt{1-U_i^2} + \sqrt{1-(1-U_i)^2}}{2}$$

R 程序计算如下:

```
set.seed(1)
I= vector()
for(i in 1:1000){
  x = runif(100)
  I[i] = mean((sqrt(1-x^2)+sqrt(1-(1-x)^2))/2)
}
cat("E(I)",mean(I), "Var(I)", var(I))
```

为了将定理 5.2.2 推广到多变量的情形, 下面给出一个具有启发性的定理, 将定理 5.2.2 在多变量情形下的推广作为其重要推论给出.

定理 5.2.3 设随机变量 $X_1, X_2, \cdots, X_n$ 相互独立, 函数 $f(X) = f(X_1, X_2, \cdots, X_n)$ 和 $g(X) = g(X_1, X_2, \cdots, X_n)$ 关于每个自变量 $X_i (i = 1, 2, \cdots, n)$ 单调增, 则

$$E(f(X)g(X)) \geqslant E(f(X))E(g(X))$$

证明 对变量个数 n 做数学归纳法. 由定理 5.2.2 的证明过程知, 当 $n = 1$ 时定理成立. 假设定理对 $n-1$ 个变量的情况下成立, 则对于 n 个变量的情况可得

$$\begin{aligned}
&E(f(X)g(X)|X_n = x_n)\\
&= E(f(X_1, \cdots, X_{n-1}, x_n)g(X_1, \cdots, X_{n-1}, x_n)|X_n = x_n)\\
&= E(f(X_1, \cdots, X_{n-1}, x_n)g(X_1, \cdots, X_{n-1}, x_n)) \quad (\text{根据独立性})\\
&\geqslant E(f(X_1, \cdots, X_{n-1}, x_n)]E[g(X_1, \cdots, X_{n-1}, x_n)) \quad (\text{根据归纳假设})\\
&= E(f(X)|X_n = x_n)E(g(X)|X_n = x_n)
\end{aligned}$$

由于上面的论述对于任意 x_n 都成立, 因此

$$E(f(X)g(X)|X_n) \geqslant E(f(X)|X_n)E(g(X)|X_n) \tag{5.2.2}$$

下面说明 $E(f(X)|X_n)$, $E(g(X)|X_n)$ 都是 X_n 的单调增函数. 由于 $E(f(X)|X_n = x_n) = E(f(X_1, \cdots, X_{n-1}, x_n))$, 对于任意 $x_n < x_n'$, 函数 f 关于每个自变量单调增, 即

$$f(X_1, \cdots, X_{n-1}, x_n) < f(X_1, \cdots, X_{n-1}, x_n')$$

对 $X_1, X_2, \cdots, X_{n-1}$ 取期望有

$$\mathrm{E}(f(X_1, \cdots, X_{n-1}, x_n)) < \mathrm{E}(f(X_1, \cdots, X_{n-1}, x_n'))$$

即 $E(f(X)|X_n = x_n) < E(f(X)|X_n = x_n')$

在式 (5.2.2) 两端取期望, 由重期望公式得

$$\begin{aligned}
E(f(X)g(X)) &\geqslant E(E(f(X)|X_n)E(g(X)|X_n))\\
&\geqslant E(f(X))E(g(X))
\end{aligned}$$

后一个不等式成立是因为 $E(f(X)|X_n)$ 和 $E(g(X)|X_n)$ 都是 X_n 的单调增函数. 根据 $n = 1$ 时的结论可得

$$\begin{aligned}
E(E(f(X)|X_n)E(g(X)|X_n)) &\geqslant E(E(f(X)|X_n])E(E(g(X)|X_n))\\
&= E(f(X))\mathrm{E}(g(X))
\end{aligned}$$

故定理在 n 个变量的情况下也成立. 由归纳原理, 定理证毕.

定理 5.2.4 设 $h(x_1, x_2, \cdots, x_n)$ 是关于每个自变量单调的函数, $U_1, U_2, \cdots, U_n$ 相互独立, 则 $\mathrm{Cov}(h(U_1, U_2, \cdots, U_n), h(1-U_1, 1-U_2, \cdots, 1-U_n)) \leqslant 0$.

证明 不失一般性, 由于 $U_1, U_2, \cdots, U_n$ 之间独立同分布, 通过重新定义 h, 可以假定 h 是其前 r 个自变量的单调增函数, 后 $n-r$ 个自变量的单调减函数. 令

$$f(x_1, x_2, \cdots, x_n) = h(x_1, \cdots, x_r, 1-x_{r+1}, \cdots, 1-x_n)$$
$$g(x_1, x_2, \cdots, x_n) = -h(1-x_1, \cdots, 1-x_r, x_{r+1}, \cdots, x_n)$$

可得 f 和 g 都是关于每个自变量的单调增函数. 根据定理 5.2.3 可得

$$\mathrm{Cov}(f(U_1, U_2, \cdots, U_n), g(U_1, U_2, \cdots, U_n)) \geqslant 0$$

这等价于

$$\mathrm{Cov}(h(U_1, \cdots, U_r, 1-U_{r+1}, \cdots, 1-U_n,), h(1-U_1, \cdots, 1-U_r, U_{r+1}, \cdots, U_n)) \leqslant 0 \quad (5.2.4)$$

随机向量 $(h(U_1, \cdots U_n), h(1-U_1, \cdots, 1-U_n))$ 的联合分布与随机向量

$$(h(U_1, \cdots, U_r, 1-U_{r+1}, \cdots, 1-U_n,), h(1-U_1, \cdots, 1-U_r, U_{r+1}, \cdots, U_n))$$

的联合分布相同. 由式 (5.2.4), 定理证毕.

事实上, 定理 5.2.4 的结论可以推广. 如果 (X_i, Y_i) $(i=1,2,\cdots,n)$ 相互独立, $h(x_1, x_2, \ldots, x_n)$ 关于每个自变量单调不减, 且 X_i 和 Y_i 是对偶变量及负相关, 则 $\mathrm{Cov}(h(X_1, X_2, \cdots, X_n), h(Y_1, Y_2, \cdots, Y_n)) \leqslant 0$. 对于期望 $E(h(X_1, X_2, \cdots, X_n))$ 的估计, 可以引入对偶变量 $h(Y_1, Y_2, \cdots, Y_n)$ 来降低估计的方差. 例如, 估计 $\theta = E(h(X_1, X_2, \cdots, X_n))$, 如果 $X_i \sim N(\mu_i, \sigma_i^2)$ 相互独立, 相应的对偶变量可以选为 $Y_i = 2\mu_1 - X_i$. 因此可以根据对偶变量 $h(Y_1, Y_2, \cdots, Y_n)$ 降低估计 $\widehat{\theta}$ 的方差.

引理 5.2.1 如果 X 分布函数 $F(x)$ 逆变换存在, 则对 $E(X) = E(F^{-1}(U))$ 的估计, 可以通过引入对偶变量 $F^{-1}(1-U)$, 根据 $E(X) = 0.5E(F^{-1}(U) + F^{-1}(1-U))$ 降低估计方差.

根据引理 5.2.1, 对随机样本 $U_1, U_2, \cdots, U_n$, 利用对偶变量构造 $\mu = E(X)$ 的估计, $\widehat{\mu}_2 = (2n)^{-1}\sum\limits_{i=1}^{n}(F^{-1}(U_i) + F^{-1}(1-U_i))$, 其方差比 $\widehat{\mu}_1 = n^{-1}\sum\limits_{i=1}^{n}F^{-1}(U_i)$ 的方差小. 注意到, 上述所提出的对偶变量估计关于 X 和 Y 的权重都是 0.5. 一个很自然的问题是通过 $E(X) = E(\alpha X + (1-\alpha)Y)$, $\alpha \in [0,1]$ 估计 $E(X)$, 也就是 $\widehat{\mu}_\alpha = n^{-1}\sum\limits_{i=1}^{n}(\alpha X_i + (1-\alpha)Y_i)$. 容易验证当 $\alpha = \mathrm{Cov}(Y, Y-X)/\mathrm{Var}(Y-X)$ 时 $\mathrm{Var}(\widehat{\mu}_\alpha)$ 最小.

▶ **例 5.2.3** 利用对偶变量法, 根据 $[0,1]$ 均匀随机样本 $U_1, U_2, \cdots, U_n$, 估计 $I = \int_0^1 e^t\,\mathrm{d}t = E(e^U)$, 并计算估计量的方差.

注意到 e^u 是 u 的单调函数, 选对偶变量 $Y = e^{1-U}$, 则用对偶变量法估计 I 为

$$\widehat{I} = \frac{1}{2n}\sum_{i=1}^{n}(e^{U_i} + e^{1-U_i})$$

方差为

$$\mathrm{Var}(\widehat{I}) = \frac{1}{2n}(\mathrm{Var}(e^U) + \mathrm{Cov}(e^U, e^{1-U})) = \frac{1}{n}\left(-\frac{3}{4}e^2 + \frac{5}{2}e - \frac{5}{4}\right) \approx \frac{0.003\ 91}{n}$$

样本量 $n = 20$ 的情况下, 用对偶变量法估计 $E(e^U)$ 的 R 程序如下:

```
n=20
hat_mu1=NULL
hat_mu2=NULL
for (i in 1:1000){
U=runif(n,0,1)
X=exp(U)
Y=exp(1-U)
hat_mu1[i]=mean(X)
hat_mu2[i]=0.5*mean(X+Y);
}
c(mean(hat_mu1),mean(hat_mu2),var(hat_mu1),var(hat_mu2))
```

5.3 控制变量法的应用

控制变量是另一种比较简单的方差缩减技术, 主要通过在保证原有函数期望不变的情况下构造新的函数, 使其与原函数是强相关的, 再对该新函数从系统的解析模型中抽取样本, 从而减小模拟估计的方差. 这里再次假设对用模拟方法估计 $\mu_x = E(X)$ 感兴趣. 本节我们将重点介绍利用控制变量法估计 μ_x.

控制变量估计的一般思想为: 假设随机变量 X 的期望值为 $\mu_x = E(X)$. 令 β 为常数, Y 为任意的随机变量, $E(Y) = \mu_y$. 一般称 $X + \beta(Y - \mu_y)$ 为随机变量 X 的控制变量. 易知 $E(X) = E(X + \beta(Y - \mu_y))$. 此时, 利用控制变量的样本构造 μ_x 的估计如下:

$$\widehat{\mu}_\beta = n^{-1}\sum_{i=1}^{n}[X_i + \beta(Y_i - \mu_y)]$$

注意到:

$$\mathrm{Var}(\widehat{\mu}_\beta) = n^{-1}(\mathrm{Var}(X) + \beta^2\mathrm{Var}(Y) + 2\beta\mathrm{Cov}(X, Y))$$

对于估计 $\widehat{\mu}_\beta$, 要使其方差比平均值估计 $n^{-1}\sum\limits_{i=1}^{n} X_i$ 小, 本质上等价于寻找合适的 β 使得 $\beta^2\mathrm{Var}(Y) + 2\beta\mathrm{Cov}(X, Y) < 0$. 特别地, 我们可以通过关于 β 最小化 $\mathrm{Var}(\widehat{\mu}_\beta)$, 得到使得方差最小的 β_0, 也就是关于 β 最小化 $\beta^2\mathrm{Var}(Y) + 2\beta\mathrm{Cov}(X, Y)$, 找出方差最优的估计 $\widehat{\mu}_{\beta 0}$. 直接代数运算得到

$$\beta_0 = -\mathrm{Cov}(X, Y)/\mathrm{Var}(Y)$$

此时

$$
\begin{aligned}
\mathrm{Var}(\widehat{\mu}_{\beta 0}) &= n^{-1}(\mathrm{Var}(X)+\beta^2\mathrm{Var}(Y)+2\beta\mathrm{Cov}(X,Y)) \\
&= n^{-1}(\mathrm{Var}(X)-\mathrm{Cov}(X,Y)^2/\mathrm{Var}(Y)) \\
&\leqslant n^{-1}\mathrm{Var}(X)=\mathrm{Var}(\widehat{\mu}_1)
\end{aligned}
$$

根据上式, Y 和 X 的相关性越强, 估计量的方差降幅越大. 这种降低估计方差的方法叫做控制变量法.

在实际操作中, 由于 $\mathrm{Cov}(X,Y)$ 和 $\mathrm{Var}(Y)$ 往往未知, 因此首先需要通过选取一部分样本数据对其进行估计, 从而得到 β_0 的估计

$$
\widehat{\beta}_0=-\widehat{\mathrm{Cov}}(X,Y)/\widehat{\mathrm{Var}}(Y)
$$

▶ **例 5.3.1**　随机样本 $X_1,X_2,\cdots,X_n$ 来自正态分布总体 $N(\mu,\sigma^2)$, 用控制变量法估计 $E(X)$.

令 $n=100$, $X\sim N(5,1)$, $Y\sim N(0,1)$, 且 X 和 Y 的相关系数为 -0.8. 取 $\beta=1$, 则 $\mathrm{Var}(Y)+2\mathrm{Cov}(X,Y)\leqslant 0$, 由此可知 $\mathrm{Var}(\widehat{\mu}_\beta)<\mathrm{Var}(\widehat{\mu}_1)$, 及 $\widehat{\mu}_\beta=n^{-1}\sum\limits_{i=1}^{n}(X_i+Y_i)$. R 程序计算如下:

```
library(MASS)
n=100
hat_mu1=NULL
hat_mu2=NULL
Mu=c(5,0)
Sigma2=matrix(c(1,-0.8,-0.8,1),ncol=2,nrow=2,byrow=T)
for (i in 1:1000){
  Data=mvrnorm(n,Mu,Sigma2)
  X=Data[,1]
  hat_mu1[i]=mean(X);
  Y=Data[,2]
  hat_mu2[i]=mean(X+Y);
}
c(mean(hat_mu1),mean(hat_mu2),var(hat_mu1),var(hat_mu2))
```

▶ **例 5.3.2**　用控制变量法估计 $I=\int_0^1 e^t\,\mathrm{d}t=Ee^U$.

令 $X=e^U$, 控制变量选择 $Y=U-\dfrac{1}{2}$, 可以验证 $EY=0$, 且 X 与 Y 正相关. 选择 $\beta=-\mathrm{Cov}(X,Y)/\mathrm{Var}(Y)$. 通过计算可得 $\mathrm{Cov}(X,Y)\approx 0.140\,86$, $\mathrm{Var}(Y)=1/12$, 因此 $\beta\approx -1.690$. 基于来自 $[0,1]$ 均匀分布的随机样本 $U_1,U_2,\cdots,U_n$, 用控制变量法估计 I 为

$$
\widehat{I}_2=\frac{1}{n}\sum_{i=1}^{n}\left[e^{U_i}-1.690\left(U_i-\frac{1}{2}\right)\right]
$$

在 $\beta=-\mathrm{Cov}(X,Y)/\mathrm{Var}(Y)$ 中, 如果 $\mathrm{Cov}(X,Y)$ 和 $\mathrm{Var}(Y)$ 不容易计算, 可考虑从一个小的随机抽样中估计. 从下列程序中可以看出, 相对于平均值估计, 控制变量法估计的方差是其

六十分之一左右.

R 程序代码如下:

```
set.seed(1)
n=100
hat_mu1=NULL
hat_mu2=NULL
for (i in 1:1000){
  U=runif(n,0,1)
  X=exp(U)
  hat_mu1[i]=mean(X)
  Y=1.690*(U-0.5)
  hat_mu2[i]=mean(X-Y);
}
c(mean(hat_mu1),mean(hat_mu2),var(hat_mu1),var(hat_mu2))
```

5.4 条件期望法

本节将介绍通过条件期望降低 $\mu = E(X)$ 估计方差的方法. 从 X 中抽取 n 个独立样本值 $X_1, X_2, \cdots, X_n$, 则平均值估计为 $\widehat{\mu}_1 = n^{-1}\sum_{i=1}^{n} X_i$. 注意到 $E(X) = E(E(X|Y)) = E(g(Y))$, 基于样本 $X_1, X_2, \cdots, X_n$, 如果相应可得 $Y_1, Y_2, \cdots, Y_n$, 则用条件期望法估计 $\mu = E(X)$ 为 $\widehat{\mu}_2 = n^{-1}\sum_{i=1}^{n} g(Y_i)$. 两个估计方差分别为

$$\mathrm{Var}(\widehat{\mu}_1) = n^{-1}\mathrm{Var}(X), \quad \mathrm{Var}(\widehat{\mu}_2) = n^{-1}\mathrm{Var}((g(Y))$$

根据 Rao-Blackwell 不等式:

$$\mathrm{Var}(g(Y)) = \mathrm{Var}(\mathrm{E}(X|Y)) \leqslant \mathrm{Var}(X)$$

可得 $\mathrm{Var}(\widehat{\mu}_2) \leqslant \mathrm{Var}(\widehat{\mu}_1)$, 也就是通过条件期望估计 $E(X)$ 比平均值估计的方差要小. 这种降低估计方差的方法叫做条件期望法, 或 Rao-Blackwell 方法.

▶ **例 5.4.1** 设 X, Y 是 $[-1, 1]$ 上的均匀分布, 且独立. 用条件期望法估计 $E(I(X^2+Y^2\leqslant 1))$.

注意到 $E(I(X^2+Y^2 \leqslant 1)|X = x) = E(I(x^2 + Y^2 \leqslant 1)) = E(I(Y^2 \leqslant 1 - x^2)) = E(I(-(1-x^2)^{1/2} \leqslant Y \leqslant (1-x^2)^{1/2})$, 由于 Y 是 $[-1, 1]$ 上的均匀分布, 所有 $E(I(X^2+Y^2 \leqslant 1)|X = x) = (1 - x^2)^{1/2}$. 对于 $E(I(X^2 + Y^2 \leqslant 1))$ 的条件估计为

$$\widehat{E}(I(X^2 + Y^2 \leqslant 1)) = \frac{1}{n}\sum_{i=1}^{n}(1 - X_i^2)^{1/2}$$

下列 R 程序同时比较了 $E(I(X^2 + Y^2 \leqslant 1))$ 的平均值估计, 也就是

$$\widehat{E}(I(X^2+Y^2\leqslant 1))=\frac{1}{n}\sum_{i=1}^{n}I(X_i^2+Y_i^2\leqslant 1)$$

这里 $(X_i,Y_i)(i=1,2,\cdots,n)$ 独立且服从 $[-1,1]$ 的均匀分布.

```
set.seed(1)
I1 = vector()
I2 = vector()
for(i in 1:1000){
  x = 2*runif(100)-1
  y = 2*runif(100)-1
  theta = (x^2+y^2<=1)
  I1[i] = mean(theta)
  I2[i] = mean(sqrt(1-x^2))
}
cat("E(I1)",mean(I1),"E(I2)",mean(I2))
cat('Var(I1)',var(I1),'Var(I2)',var(I2))
```

▶ **例 5.4.2** 对于随机变量 X, 用条件期望法估计 $I=E(I(X>1))$. 已知 Y 是期望为 1 的指数分布的随机变量, 给定 $Y=y$, X 服从均值为 y, 方差为 1 的正态分布.

注意到 $E(I(X>1)|Y=y)$, 因此 $E(I(X>1)|Y=y)=\Phi((1-y)/2)$. 用条件期望法估计 $I=E(I(X>1))$ 的 R 程序如下:

```
set.seed(1)
n = 100
I = NULL
for (i in 1:1000) {
  Y = rexp(n)
  Etheta = 1-pnorm(1-Y)
  I[i] = mean(Etheta)
}
cat('估计值',mean(I),'方差',var(I))
```

5.5 重要抽样法

关于 $E(X)$ 的估计, 平均值估计法是通过产生和 X 独立同分布的样本 $X_1,X_2,\cdots,X_n$ 估计 $E(X)$. 重要抽样法的思想是, 产生其他独立同分布样本 $Y_1,Y_2,\cdots,Y_n$, 基于此样本估计 $E(X)$. 通过抽取样本 $Y_1,Y_2,\cdots,Y_n$, 提高对积分计算重要区域的抽样, 降低估计的方差.

假设 X 的密度函数是 $f(x)$, 则 $\mu=E(X)$ 可写为

$$\mu=\int xf(x)\mathrm{d}x=\int g(x)\frac{xf(x)}{g(x)}\mathrm{d}x=E(Yf(Y)/g(Y))$$

这里随机变量 Y 的密度函数为 $g(x)$. 根据上式, 如果 Y 的随机数 $Y_1,Y_2,\cdots,Y_n$ 很容易产

生, 则 $\mu = E(X)$ 可以通过下式估计:

$$\widehat{\mu}_2 = \frac{1}{n}\sum_{i=1}^{n}\frac{Y_i f(Y_i)}{g(Y_i)} \tag{5.5.1}$$

根据式 (5.5.1) 得到的估计就是重要抽样法估计. 式 (5.5.1) 还可写成

$$\widehat{\mu}_2 = \frac{1}{n}\sum_{i=1}^{n} Y_i f(Y_i)\omega(Y_i)$$

其中, $\omega(Y_i) = 1/g(Y_i)$ 称为重要抽样的权因子. 通过计算不难得到

$$\begin{aligned}\mathrm{Var}(\widehat{\mu}_2) &= \frac{1}{n}\mathrm{Var}\frac{Yf(Y)}{g(Y)} \\ &= \frac{1}{n}\int\left(\frac{yf(y)}{g(y)} - \mu\right)^2 g(y)\mathrm{d}y = \frac{1}{n}\left(\int\frac{y^2 f^2(y)}{g(y)}\mathrm{d}y - \mu^2\right)\end{aligned} \tag{5.5.2}$$

根据上式, 如果 $x^2 f^2(x)/g^2(x) = \mu^2$, 可得 $\mathrm{Var}(\widehat{\mu}_2) = 0$, 也就是方差达到最小. 若 $f(x)$ 的非零取值部分对应 $x > 0$, 则 $xf(x)/g(x) = \mu$, 也就是 $g(x) = xf(x)/\mu$. 密度函数 $g(x)$ 的最佳选择就是和被积函数 $xf(x)$ 具有相同的形状. 对积分值贡献越大的区域, 希望以较大的概率抽取到随机数. 在实际中, μ 是未知量, 因此无法选取 $g(x)$, 使得 $\mathrm{Var}(\widehat{\mu}_2) = 0$. 通常情况下, 我们会选取一个形状接近 $xf(x)$ 的函数作为 $g(x)$.

▶ **例 5.5.1** 用重要抽样法估计 $\mu = \int_0^1 xf(x)\mathrm{d}x = \int_0^1 e^x\mathrm{d}x$ 的估计值.

根据重要抽样法的想法, 从和被积函数 e^x 形状类似的密度函数中产生随机数. 根据 Taylor 展示, $e^x = \sum_{i=0}^{\infty} x^i/i!$. 由于 $x \in [0,1]$, e^x 的 Taylor 展示前两项 $1 + x$ 标准化之后得到 $g(x) = 2(1 + x)/3$, 作为和 e^x 形状类似的密度函数, 见图 5–2. 此时

$$\mu = \int_0^1 \frac{e^x}{g(x)} g(x)\mathrm{d}x = E\left(\frac{e^Y}{g(Y)}\right)$$

这里随机变量 Y 的密度函数为 $g(x) = 2(1 + x)/3$.

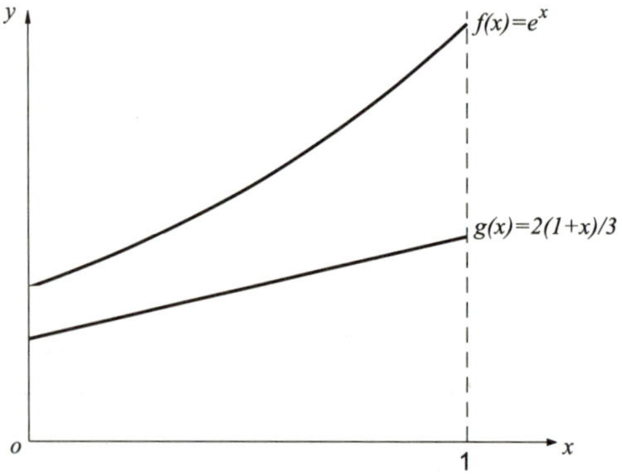

图 5–2 函数 $g(x) = 2(1 + x)/3$ 和 e^x 曲线

关于密度函数 $g(x)$ 的随机数, 注意到 $R = \int_0^Y g(x)\mathrm{d}x = (2Y + Y^2)/3$, 可得 $Y = \sqrt{3R+1} - 1$. 产生 $[0,1]$ 上的均匀随机数 $R_1, R_2, \cdots, R_n$, 计算 $Y_i = \sqrt{3R_i+1} - 1$, 则 μ

的重要抽样法估计为

$$\widehat{\mu}_2=\frac{3}{2n}\sum_{i=1}^{n}\frac{e^{Y_i}}{1+Y_i}$$

根据式 (5.5.2), 估计的方差为

$$\begin{aligned}&\frac{1}{n}\left(\int\frac{y^2f^2(y)}{g(y)}\mathrm{d}x-\mu^2\right)=\frac{1}{n}\left(\frac{3}{2}\int_0^1\frac{e^{2y}}{1+y}\mathrm{d}y-\mu^2\right)=\frac{1}{n}\left(\frac{3}{2e^2}\int_0^1\frac{e^{2(y+1)}}{1+y}\mathrm{d}y-\mu^2\right)\\&=\frac{1}{n}\left(\frac{3}{2e^2}\int_2^4\frac{e^t}{t}\mathrm{d}t-\mu^2\right)\end{aligned}$$

取 $n=100$, 重要抽样法估计的 R 程序如下, 为了方便比较, 同时给出了平均值估计方法.

```
set.seed(1)
n = 100
I1 = NULL
I2 = NULL
Ginv = function(r) sqrt(1 + 3*r)-1
for (i in 1:1000){
    R = runif(n)
    Y = Ginv(runif(n))
    I1[i]= mean(exp(R))
    I2[i] = mean(3*exp(Y)/(2*(1 + Y)))
}
cat('平均值估计',mean(I1),'重要抽样估计',mean(I2))
cat('平均值估计方差',var(I1),'重要抽样估计方差',var(I2))
```

5.6 分层抽样法

对于期望 $E(X)$ 的估计, 重要抽样法是通过改变产生的随机数, 使得对积分值贡献大的抽样更多出现, 提高估计的有效性. 分层抽样法的思想是, 不改变原来的分布, 将抽样区间分成一些小区间, 在各小区间内的抽样样本数根据对估计有效性贡献大小决定, 使得对提高积分估计有效性贡献大的抽样更多地出现.

对 $\mu=\int_0^1 f(x)\mathrm{d}x$ 的分层抽样法估计, 将区间 $[0,1]$ 用分点 $a_i(i=0,1,\cdots,m)$ 分成 m 个互不相交的子区间, 这里 $a_0=0,a_m=1$, 则

$$\mu=\int_0^1 f(x)\mathrm{d}x=\sum_{i=1}^{m}\int_{a_{i-1}}^{a_i}f(x)\mathrm{d}x=\sum_{i=1}^{m}\mu_i$$

由于

$$\mu_i=\int_{a_{i-1}}^{a_i}f(x)\mathrm{d}x=(a_i-a_{i-1})\int_{a_{i-1}}^{a_i}f(x)\frac{1}{a_i-a_{i-1}}\mathrm{d}x=(a_i-a_{i-1})E(f(X_i))$$

这里 X_i 是 $[a_i, a_{i-1}]$ 上的均匀分布. 从 $[a_i, a_{i-1}]$ 上产生均匀分布随机数 $r_{i,1}, r_{i,2}, \cdots, r_{i,n_i}$, 可得 μ_i 的平均值估计为

$$\widehat{\mu}_i = \frac{a_i - a_{i-1}}{n_i}\sum_{j=1}^{n_i} f(r_{i,j})$$

相应得到 μ 的分层估计 $\widehat{\mu} = \sum_{i=1}^{m}\widehat{\mu}_i$. 不难验证 $\mathrm{E}(\widehat{\mu}) = \sum_{i=1}^{m}\mathrm{E}(\widehat{\mu}_i) = \sum_{i=1}^{m}\mu_i = \mu$, 以及

$$\mathrm{Var}(\widehat{\mu}) = \sum_{i=1}^{m}\frac{(a_i - a_{i-1})^2}{n_i}\mathrm{Var}(f(r_i))$$

分层抽样的估计不仅依赖分割区间的个数 m, 区间的分割点 $a_i(i = 0, 1, \cdots, m)$, 而且依赖在每个区间抽取的均匀随机数个数 $n_i(i = 1, 2, \cdots, m)$.

下面通过最简单的情况说明 n_i 的选择. 假设 $m = 2$, 此时在总的样本量 $n = n_1 + n_2$ 固定的情况下, 通过最小化估计的方差得到 n_1, n_2. 由于

$$\mathrm{Var}(\widehat{\mu}) = \frac{(a_1 - a_0)^2}{n_1}\mathrm{Var}(f(r_1)) + \frac{(a_2 - a_1)^2}{n - n_1}\mathrm{Var}(f(r_2)) =: G(n_1)$$

关于 n_1 最小化上式得

$$\frac{n_1}{n - n_1} = \frac{n_1}{n_2} = \frac{(a_1 - a_0)\mathrm{SD}(f(r_1))}{(a_2 - a_1)\mathrm{SD}(f(r_2))}$$

这里 $\mathrm{SD}(f(r_1))$ 是 $f(r_1)$ 的标准差. 根据上式, 区间长度越长, 抽取的样本越多; 所在区间对应的标准差 $\mathrm{SD}(f(r_i))$ 越大, 抽取的样本越多. 如果区间长度相同, 根据区间所对应的标准差来选择最优的样本数.

▶ **例 5.6.1** 用分层抽样法估计积分 $I = \int_0^1 e^x \mathrm{d}x$.

把区间 $[0, 1]$ 分成两个区间 $[0, 0.5]$ 和 $[0.5, 1]$, 分别计算 $\mathrm{SD}(f(r_1))$ 和 $\mathrm{SD}(f(r_2))$. 注意到 $E(f(r_1)) = 2(e^{1/2} - 1)$, $E(f(r_2)) = 2(e - e^{1/2})$, 可得

$$\mathrm{SD}(f(r_1)) = \left\{\int_0^{0.5} 2[e^x - 2(e^{1/2} - 1)]^2 \mathrm{d}x\right\}^{1/2} \approx 0.186\,8$$

$$\mathrm{SD}(f(r_2)) = \left\{\int_{0.5}^{1} 2[e^x - 2(e - e^{1/2})]^2 \mathrm{d}x\right\}^{1/2} \approx 0.307\,6$$

如果抽取 $n = 10$ 个样本, 在 $[0, 0.5]$ 和 $[0.5, 1]$ 按照 $\mathrm{SD}(f(r_1))/\mathrm{SD}(f(r_2))$ 的比例分别在 $[0, 0.5]$ 和 $[0.5, 1]$ 抽取样本 $n_1 = 4$, $n_2 = 6$. 分层抽样法得到的估计为

$$\widehat{I} = \frac{1}{8}\sum_{j=1}^{4} f(r_{1j}) + \frac{1}{12}\sum_{j=1}^{6} f(r_{2j}) = \frac{1}{8}\sum_{j=1}^{4} e^{r_{1j}} + \frac{1}{12}\sum_{j=1}^{6} e^{r_{2j}}$$

这里 r_{1j}, r_{2j} 分别是 $[0, 0.5]$ 和 $[0.5, 1]$ 的均匀随机数.

R 程序计算如下:

```
m=4
n=6
r1=runif(m, min = 0, max=0.5)
r2=runif(m, min = 0.5, max=1)
I=(mean(exp(r1))+mean(exp(r2)))/2
Sigma2= var(exp(r1))/(4*m)+var(exp(r2))/(4*n)
```

5.7 随机数重复使用法

随机数重复使用法也可以降低估计的方差, 此方法主要应用于模拟数据分析中. 比如对于某一个感兴趣的参数, 可以有不同的估计方法, 如果衡量两种不同估计方法差异的方差, 在随机模拟中, 就可以考虑用随机数重复使用法降低估计的方差.

下面通过具体例子来说明, 对于来自正态分布总体 $N(\mu,\sigma^2)$ 的样本 $X_1,X_2,\cdots,X_n$, 常用的 σ^2 估计有如下两个:

$$\widehat{\sigma}_1^2=\frac{1}{n-1}\sum_{i=1}^{n}(X_i-\overline{X})^2,\qquad \widehat{\sigma}_2^2=\frac{1}{n}\sum_{i=1}^{n}(X_i-\overline{X})^2$$

在数值模拟中, 既可以随机从 $N(\mu,\sigma^2)$ 产生两组样本量为 n 的样本分别计算 $\widehat{\sigma}_1^2$ 和 $\widehat{\sigma}_2^2$, 也可以用同一组样本量为 n 的样本计算 $\widehat{\sigma}_1^2$ 和 $\widehat{\sigma}_2^2$. 利用两种不同的模拟计算方法, 得到的两组估计的期望和方差估计精度相同. 如果我们感兴趣的是 $\mathrm{Var}(\widehat{\sigma}_1^2-\widehat{\sigma}_2^2)$, 可利用模拟计算得到. 用随机数重复使用法计算 $\widehat{\sigma}_1^2$ 和 $\widehat{\sigma}_2^2$, 然后得到方差 $\mathrm{Var}(\widehat{\sigma}_1^2-\widehat{\sigma}_2^2)$, 要比用两组不同数据分别计算 $\widehat{\sigma}_1^2$ 和 $\widehat{\sigma}_2^2$, 之后得到的方差小. 也就是随机数重复使用法可降低估计的方差. 具体原因为, 如果随机数重复使用, 则

$$\mathrm{Var}(\widehat{\sigma}_1^2-\widehat{\sigma}_2^2)=\mathrm{Var}(\widehat{\sigma}_1^2)+\mathrm{Var}(\widehat{\sigma}_2^2)-2\mathrm{Cov}(\widehat{\sigma}_1^2,\widehat{\sigma}_2^2)$$

如果每种方法使用不同的样本, 则变成

$$\mathrm{Var}(\widehat{\sigma}_1^2-\widehat{\sigma}_2^2)=\mathrm{Var}(\widehat{\sigma}_1^2)+\mathrm{Var}(\widehat{\sigma}_2^2)$$

由于 $\widehat{\sigma}_1^2$ 与 $\widehat{\sigma}_2^2$ 具有强正相关, 所以用两种方法针对相同样本计算 $\widehat{\sigma}_1^2-\widehat{\sigma}_2^2$ 的方差比用两种方法分别使用单独样本时的方差要小. 在比较两种不同方法的精度时, 重复利用相同的随机数往往可以提高比较的精度.

设置 $n=100$, 对上例比较不同估计方法的精度. R 程序计算如下:

```
set.seed(1)
n=100
N=1000
I11=NULL
I21=NULL
I22=NULL
```

```
for (i in 1:N){
  X=rnorm(n,mean=0,sd=1)
  Y=rnorm(n,mean=0,sd=1)
  I11[i]=var(X)
  I21[i]=n*var(X)/(n-1)
  I22[i] =n*var(Y)/(n-1)
}
#比较相同样本不同估计方法的精度
VDif1=var(I11-I21)
#比较不同样本不同估计方法的精度
VDif2=var(I11-I22)
cat("E(I11)",mean(I11), "Var(I11)", var(I11))
cat("E(I21)",mean(I21), "Var(I21)", var(I21))
cat("E(I22)",mean(I22), "Var(I22)", var(I22))
cat("相同样本",VDif1, "不同样本", VDif2)
```

习题

5.1 设 $X \sim U(0,1)$, 使用随机投点法和平均值估计法估计 $I = E(X)$, 利用数值分析方法比较两种估计的有效性.

5.2 使用随机投点法、对偶变量法和条件期望法估计圆周率 π, 利用数值分析方法比较估计和估计方差.

5.3 随机样本 $X_1, X_2, \cdots, X_n$ 来自指数分布 Exp(1), 用平均值估计法和控制变量法估计 $E(X)$, 利用数值分析方法比较两种方法的估计和估计方差.

5.4 使用本章的方法估计 $I = \int_{-1}^{1} e^x \mathrm{d}x$, 在样本量相同的情况下, 比较各个估计方法的有效性.

第 6 章 重抽样方法

本章主要讨论两种抽样方法, 即 Bootstrap 法和 Jacknife 法. 通过这两种方法得到估计量的偏差、方差等估计.

6.1 Bootstrap 估计的思想

自助法, 也称 Bootstrap 方法, 由 Efron 于 1979 年首次提出, 此后发展出大量的关于 Bootstrap 方法的研究. 首先通过一个简单例子给出 Bootstrap 估计的直观理解. 设 $X_1, X_2, \cdots, X_n$ 为来自总体分布 $F(x;\theta)$ 的样本, 对于感兴趣参数 θ, 通常可采用极大似然估计或者矩估计等估计方法得到 θ 的估计 $\widehat{\theta}(X_1, X_2, \cdots, X_n)$. 很多时候我们不仅关心 θ 的估计 $\widehat{\theta}(X_1, X_2, \cdots, X_n)$ 本身, 同时也关心估计量的分布以及分布特征, 比如 $\widehat{\theta}(X_1, X_2, \cdots, X_n)$ 的均值 $E(\widehat{\theta})$ 和方差 $\mathrm{Var}(\widehat{\theta})$. 事实上, 一般情况下, 很难推导出 $\widehat{\theta}(X_1, X_2, \cdots, X_n)$ 的分布, 进而得到估计量的均值和方差. 如果 $F(x;\theta)$ 分布形式已知, 可以通过蒙特卡罗方法模拟出与 $\widehat{\theta}(X_1, X_2, \cdots, X_n)$ 同分布的样本, 进而根据样本的信息估计 $\widehat{\theta}(X_1, X_2, \cdots, X_n)$ 的分布以及分布特征. 蒙特卡罗方法近似如下:

(1) 从总体分布 $F(x;\theta)$ 中独立产生 n 个数据 $X_{11}, X_{12}, \cdots, X_{1n}$, 得到 θ 的估计, 记为 $\widehat{\theta}_1 =: \widehat{\theta}_1(X_{11}, X_{12}, \cdots, X_{1n})$;

(2) 重复上述步骤 m 次, 得到的估计分别记为 $\widehat{\theta}_1, \widehat{\theta}_2, \cdots, \widehat{\theta}_m$.

可以基于样本 $\widehat{\theta}_1, \widehat{\theta}_2, \cdots, \widehat{\theta}_m$ 推断 $\widehat{\theta}(X_1, X_2, \ldots, X_n)$ 的分布, $E(\widehat{\theta})$ 和 $\mathrm{Var}(\widehat{\theta})$ 可以分别用该样本的均值和方差估计, 即 $\widehat{E}(\widehat{\theta}) = m^{-1}\sum\limits_{i=1}^{m}\widehat{\theta}_i$, $\widehat{\mathrm{Var}}(\widehat{\theta}) = m^{-1}\sum\limits_{i=1}^{m}(\widehat{\theta}_i - \widehat{E}(\widehat{\theta}))^2$.

如果分布 $F(x;\theta)$ 未知, 唯一的信息只有样本 $X_1, X_2, \cdots, X_n$. 不能利用上述蒙特卡罗方法从总体 $F(x;\theta)$ 中产生数据, 进而不能近似 $\widehat{\theta}(X_1, X_2, \cdots, X_n)$ 的分布及其相关特征. Bootstrap 方法就是利用样本分布 $X_1, X_2, \cdots, X_n$ 代替总体分布 $F(x;\theta)$, 从分布 $X_1, X_2, \cdots, X_n$ 中有放回地产生数据, 进而近似 $\widehat{\theta}(X_1, X_2, \cdots, X_n)$ 的分布, 具体步骤如下:

(1) 从样本 $X_1, X_2, \cdots, X_n$ 中有放回地产生数据 $X_{11}^*, X_{12}^*, \cdots, X_{1n}^*$, 得到 θ 的估计, 记为 $\widehat{\theta}_1^* =: \widehat{\theta}_1^*(X_{11}^*, X_{12}^*, \cdots, X_{1n}^*)$;

(2) 重复上述步骤 m 次, 相应的估计分别记为 $\widehat{\theta}_1^*, \widehat{\theta}_2^*, \cdots, \widehat{\theta}_m^*$.

利用 $\widehat{\theta}_1^*, \widehat{\theta}_2^*, \cdots, \widehat{\theta}_m^*$ 近似 $\widehat{\theta}$ 的分布及其特征.

本质上, 自助法相当于用样本 $X_1, X_2, \cdots, X_n$ 的经验分布 F_n 估计总体分布 F, 从经验分布中再抽样来估计总体的特征. 从经验分布再抽样本质上相当于从 $X_1, X_2, \cdots, X_n$ 有放回地抽样, 以相同的概率抽取到每个样本. 记 X^* 表示分布函数是 F_n 的随机变量, 则 $P(X^* = X_i) = n^{-1}(i = 1, 2, \cdots, n)$. 用 Bootstrap 方法抽取到样本 $X_1^*, X_2^*, \cdots, X_n^*$ 的经验分布 F_n^* 是 F_n 的逼近, F_n 是总体分布 F 的逼近. 这两种逼近可以表示为 $F_n^* \to F_n \to F$.

假设我们观察到样本 $\{2, 2, 1, 1, 5, 4, 4, 3, 1, 2\}$, 从中抽取样本点 $1, 2, 3, 4, 5$ 的概率分别为 $0.3, 0.3, 0.1, 0.2, 0.1$. 从中随机选择的一个样本 X^*, 其分布函数就是经验分布函数, 即

$$F_{X^*}(x) = F_n(x) = \begin{cases} 0, & x < 1 \\ 0.3, & 1 \leqslant x < 2 \\ 0.6, & 2 \leqslant x < 3 \\ 0.7, & 3 \leqslant x < 4 \\ 0.9, & 4 \leqslant x < 5 \\ 1, & x \geqslant 5 \end{cases}$$

需要说明的是, 如果经验分布函数 $F_n(x)$ 没有靠近总体分布函数 $F(x)$, 则重复抽样下的分布也不会靠近 $F(x)$. 上例中的样本实际上是从参数为 2 的泊松分布中随机产生, 从样本中大量重复抽样可以很好地估计 $F_n(x)$, 但是不能很好地估计 $F(x)$. 因为无论重复多少次再抽样, 得到的 Bootstrap 样本都不会包括总体分布的取值 0.

下面两节分别介绍估计量偏差的 Bootstrap 估计和标准差的 Bootstrap 估计, Bootstrap 估计也称自动估计.

6.1.1 估计量偏差的 Bootstrap 估计

基于样本数据 $X_1, X_2, \cdots, X_n$, 得到感兴趣参数 θ 的估计 $\widehat{\theta} =: \theta(X_1, X_2, \cdots, X_n)$. 本节主要讨论 $\widehat{\theta}$ 的偏差 $\text{Bias}(\widehat{\theta}) = E(\widehat{\theta}) - \theta$ 的 Bootstrap 估计 $\widehat{\text{Bias}}(\widehat{\theta})$. 事实上, 只需分别估计 $E(\widehat{\theta})$ 和 θ, θ 的估计 $\widehat{\theta}$ 基于观察到的样本数据直接得到; 对于 $E(\widehat{\theta})$ 的估计 $\widehat{E}(\widehat{\theta})$, 利用自助法获取到的 $\widehat{\theta}_1^*, \widehat{\theta}_2^*, \cdots, \widehat{\theta}_m^*$ 的均值来估计, 也就是 $\widehat{E}(\widehat{\theta}) = m^{-1}\sum\limits_{i=1}^{m}\widehat{\theta}_i^*$. 因此 $\widehat{\text{Bias}}(\widehat{\theta}) = m^{-1}\sum\limits_{i=1}^{m}\widehat{\theta}_i^* - \widehat{\theta}$. 具体步骤如下:

(1) 从样本 $X_1, X_2, \cdots, X_n$ 中有放回地产生数据 $X_{11}^*, X_{12}^*, \cdots, X_{1n}^*$, 得到 θ 的估计并记为 $\widehat{\theta}_1^* =: \widehat{\theta}_1^*(X_{11}^*, X_{12}^*, \cdots, X_{1n}^*)$;

(2) 重复上述步骤 m 次, 相应的估计分别记为 $\widehat{\theta}_1^*, \widehat{\theta}_2^*, \cdots, \widehat{\theta}_m^*$, 以及基于样本 $X_1, X_2, \cdots, X_n$ 得到的估计 $\widehat{\theta}$;

(3) 计算 $E(\widehat{\theta})$ 的 Bootstrap 估计 $\widehat{E}(\widehat{\theta}) = m^{-1}\sum\limits_{i=1}^{m}\widehat{\theta}_i^*$, 以及偏差 Bootstrap 估计 $\widehat{\text{Bias}}(\widehat{\theta}) = \widehat{E}(\widehat{\theta}) - \widehat{\theta} = m^{-1}\sum\limits_{i=1}^{m}\widehat{\theta}_i^* - \widehat{\theta}$.

如果偏差大于零, 意味着 $\widehat{\theta}$ 平均来看过高估计了 θ; 偏差小于零, 意味着 $\widehat{\theta}$ 平均来看过低估计了 θ. 因此, 经偏差修正的参数 θ 的估计量为 $\widetilde{\theta} = \widehat{\theta} - \widehat{\text{Bias}}(\widehat{\theta})$.

假设数据 $X_1, X_2, \cdots, X_n$ 来自方差为 σ^2 的分布, 则 σ^2 的估计为 $\widehat{\sigma}^2 = n^{-1}\sum_{i=1}^{n}(X_i - \overline{X})^2$. $\widehat{\sigma}^2$ 的偏差为 $\text{Bias}(\widehat{\sigma}^2) = E(\widehat{\sigma}^2) - \sigma^2 = -\sigma^2/n$. 一个很自然的问题是: $\widehat{\sigma}^2$ 偏差的 Bootstrap 估计 $\widehat{\text{Bias}}(\widehat{\sigma}^2) = m^{-1}\sum_{i=1}^{m}\widehat{\sigma}_i^{2*} - \widehat{\sigma}^2$ 是否为 $-\sigma^2/n$ 的无偏估计? 首先研究 $\widehat{\sigma}_1^{2*} = n^{-1}\sum_{i=1}^{n}(X_{1i}^* - \overline{X}_1^*)^2$ 的性质. 因为 $X_{1i}^*(i = 1, 2, \cdots, n)$ 独立同分布, 以相同的概率在 $X_1, X_2, \cdots, X_n$ 上取值, 则

$$\begin{aligned}
E(\widehat{\sigma}_1^{2*}|X_1, X_2, \cdots, X_n) &= \frac{n-1}{n}\text{Var}(X_{11}^*|X_1, X_2, \cdots, X_n) \\
&= \frac{n-1}{n}\left(\frac{1}{n}\sum_{i=1}^{n}X_i^2 - \overline{X}^2\right) = \frac{n-1}{n^2}\sum_{i=1}^{n}(X_i - \overline{X})^2
\end{aligned}$$

所以

$$\begin{aligned}
&E(\widehat{\text{Bias}}(\widehat{\sigma}^2)|X_1, X_2, \cdots, X_n) \\
&= E\left(m^{-1}\sum_{i=1}^{m}\widehat{\sigma}_i^{2*} - \widehat{\sigma}^2|X_1, X_2, \cdots, X_n\right) \\
&= E(\widehat{\sigma}_1^{2*}|X_1, X_2, \cdots, X_n) - \widehat{\sigma}^2 \\
&= \frac{n-1}{n^2}\sum_{i=1}^{n}(X_i - \overline{X})^2 - \frac{1}{n}\sum_{i=1}^{n}(X_i - \overline{X})^2 = -\frac{1}{n^2}\sum_{i=1}^{n}(X_i - \overline{X})^2 \qquad (6.1.1)
\end{aligned}$$

因此 $E(\widehat{\text{Bias}}(\widehat{\sigma}^2)) = -(n-1)\sigma^2/n^2$. 根据式 (6.1.1), 条件期望 $E(\widehat{\text{Bias}}(\widehat{\sigma}^2)|X_1, X_2, \cdots, X_n)$ 是 $\widehat{\sigma}^2$ 理论偏差 $-\sigma^2/n$ 的估计, 也就是 $E(\widehat{\text{Bias}}(\widehat{\sigma}^2)|X_1, X_2, \cdots, X_n) = -\widehat{\sigma}^2/n$, 这里 σ^2 的估计 $\widehat{\sigma}^2$ 为 $n^{-1}\sum_{i=1}^{n}(X_i - \overline{X})^2$. 因为 σ^2 的估计 $\widehat{\sigma}^2$ 不是无偏的, 条件期望 $\text{E}(\widehat{\text{Bias}}(\widehat{\sigma}^2)|X_1, X_2, \cdots, X_n)$ 也不是无偏估计.

下面给出例子说明估计量偏差的 Bootstrap 估计.

▶ **例 6.1.1**　假设 $X_1, X_2, \cdots, X_n$ 是来自 $N(\mu, \sigma^2)$ 的样本, 用 Bootstrap 法估计 σ^2 的估计量 $\widehat{\sigma}^2 = n^{-1}\sum_{i=1}^{n}(X_i - \overline{X})^2$ 的偏差.

R 程序计算如下:

```
set.seed(1)
n=100;
mu=0;
sigma=2;
X=rnorm(n,mu,sigma);
sigma2hat=mean((X-mean(X))^2) #基于样本信息, sigma^2的估计
m=2000
sigma2Bst=NULL
for (i in (1:m)){
  O=sample(seq(1,n),n,replace=T)
  Bstrap_X=X[O] #有放回地从X中抽取新样本
  sigma2Bst[i]=mean((Bstrap_X-mean(Bstrap_X))^2)
```

```
  # 基于新样本, sigma^2的估计
}
Bias=mean(sigma2Bst)-sigma2hat #偏差的Bootstrap 估计
```

▶ **例 6.1.2** 假设 $(X_1,Y_1),(X_2,Y_2),\cdots,(X_n,Y_n)$ 服从二元正态分布, 均值为 (μ_1,μ_2), 方差为 (σ_1^2,σ_2^2), 且相关系数为 ρ. 求相关系数 ρ 的估计, 并用 Bootstrap 方法估计其偏差.

模拟代码如下:

```
set.seed(1)
library(mnormt)
n=100;
mu1=mu2=0;
sigma1=1;sigma2=2;
rho=0.6;sigma12=sigma21=rho*sigma1*sigma2;
mu=c(mu1,mu2);
Sigma=matrix(c(sigma1^2,sigma12,sigma21,sigma2^2),2,2);
Data=rmnorm(n,mu,Sigma);
X=Data[,1];Y=Data[,2];
rhohat=sum((X-mean(X))*(Y-mean(Y)))/ #基于样本信息, rho的估计
       sqrt(sum((X-mean(X))^2)*sum((Y-mean(Y))^2));
m=2000;
rhoBst=NULL;
for (i in (1:m)){
  O=sample(seq(1,n),n,replace=T);
  Bst_Data=Data[O,]; #有放回地从X中抽取新样本
  X=Bst_Data[,1];Y=Bst_Data[,2];
  rhoBst[i]=sum((X-mean(X))*(Y-mean(Y)))/
            sqrt(sum((X-mean(X))^2)*sum((Y-mean(Y))^2));
  #基于新样本, rho的估计
}
Bias=mean(rhoBst)-rhohat #偏差的Bootstrap估计
```

▶ **例 6.1.3** 假设 $X_1,X_2,\cdots,X_n$ 和 $Y_1,Y_2\cdots,Y_m$ 分别是来自正态分布总体 $N(\mu_1,\sigma_1^2)$ 和 $N(\mu_2,\sigma_2^2)$ 的两个独立样本, 且 $\sigma_1=1$, $\sigma_2=2$. 给出 $\mu_1-\mu_2$ 的估计, 并用 Bootstrap 方法估计其偏差.

模拟代码如下:

```
set.seed(1)
n1=100;n2=200;
mu1=0;mu2=0.3;
sigma1=1;sigma2=2;
X=rnorm(n1,mu1,sigma1)
Y=rnorm(n2,mu2,sigma2)
```

```
diffhat=mean(X)-mean(Y) #基于样本信息,均值差的估计
m=2000;
diffBst=NULL;
for (i in (1:m)){
  O1=sample(seq(1,n1),n1,replace=T);
  O2=sample(seq(1,n2),n2,replace=T);
  Bst_X=X[O1];Bst_Y=Y[O2]; #分别有放回地从X,Y中抽取新样本
  diffBst[i]=mean(Bst_X)-mean(Bst_Y)
  #基于新样本,均值差的估计
}
Bias=mean(diffBst)-diffhat #偏差的Bootstrap估计
```

6.1.2 估计量标准差的 Bootstrap 估计

关于估计量 $\widehat{\theta}$ 的分布, 在前面讲了估计量 $\widehat{\theta}$ 抽样分布的 Bootstrap 估计, 则 $\widehat{\theta}$ 的标准差 $\widehat{SE}(\widehat{\theta})$ 的 Bootstrap 估计就是采用 $\widehat{\theta}$ 分布 Bootstrap 估计的标准差. 具体步骤如下:

(1) 从分布 $X_1, X_2, \cdots, X_n$ 中有放回地产生数据 $X_{11}^*, X_{12}^*, \cdots, X_{1n}^*$, 得到 θ 的估计, 记为 $\widehat{\theta}_1^* =: \widehat{\theta}_1^*(X_{11}^*, X_{12}^*, \cdots, X_{1n}^*)$;

(2) 重复上述步骤 m 次, 相应的估计分别记为 $\widehat{\theta}_1^*, \widehat{\theta}_2^*, \cdots, \widehat{\theta}_m^*$;

(3) 计算 $\overline{\widehat{\theta}}^* = m^{-1}\sum_{i=1}^{m}\widehat{\theta}_i^*$, $\widehat{\theta}$ 标准差的 Bootstrap 估计为

$$\widehat{SE}(\widehat{\theta}) = \left(\frac{1}{m}\sum_{i=1}^{m}(\widehat{\theta}_i^* - \overline{\widehat{\theta}}^*)^2\right)^{1/2}$$

相应地得到 Bootstrap 估计的方差.

用 Bootstrap 法估计 $\widehat{\theta}$ 的方差 $\mathrm{Var}(\widehat{\theta})$, 该方差无妨记为 $\widehat{\mathrm{Var}}(\widehat{\theta})$, 一个很自然的问题是: Bootstrap 法得到的估计 $\widehat{\mathrm{Var}}(\widehat{\theta})$ 和 $\mathrm{Var}(\widehat{\theta})$ 之间的关系是什么? 下面通过一个简单例子说明, 假设 $X_1, X_2, \cdots, X_n$ 是来自均值为 μ, 方差为 σ^2 的分布, 感兴趣的参数为 $\theta = \mu$, 则不难得到 $\widehat{\theta} = \widehat{\mu} = n^{-1}\sum_{i=1}^{n}X_i$, $\mathrm{Var}(\widehat{\theta}) = n^{-1}\sigma^2$. $\mathrm{Var}(\widehat{\theta})$ 的 Bootstrap 估计为

$$\widehat{\mathrm{Var}}(\widehat{\theta}) = \frac{1}{m}\sum_{i=1}^{m}(\widehat{\theta}_i^* - \overline{\widehat{\theta}}^*)^2 =: \frac{1}{m}\sum_{i=1}^{m}(\widehat{\mu}_i^* - \overline{\widehat{\mu}}^*)^2$$

首先计算

$$\begin{aligned} E(\widehat{\mathrm{Var}}(\widehat{\theta})|(X_1, X_2, \cdots, X_n)) &= E\left(\frac{1}{m}\sum_{i=1}^{m}\widehat{\mu}_i^{*2} - \overline{\widehat{\mu}}^{*2}|(X_1, X_2, \cdots, X_n)\right) \\ &= E(\widehat{\mu}_1^{*2}|(X_1, X_2, \cdots, X_n)) - E(\overline{\widehat{\mu}}^{*2}|(X_1, X_2, \cdots, X_n)) \end{aligned}$$

下面分别计算 $E(\widehat{\mu}_1^{*2}|(X_1, X_2, \cdots, X_n))$ 和 $E(\overline{\widehat{\mu}}^{*2}|(X_1, X_2, \cdots, X_n))$. 注意到

$$E(\widehat{\mu}_1^{*2}|(X_1, X_2, \cdots, X_n))$$

$$
\begin{aligned}
&= E\left(\frac{1}{n^2}(X_{11}^*+X_{12}^*+\cdots+X_{1n}^*)^2|(X_1,X_2,\cdots,X_n)\right)\\
&= \frac{1}{n}E(X_{11}^{*2}|(X_1,X_2,\cdots,X_n))+\frac{n-1}{n}E^2(X_{11}^*|(X_1,X_2,\cdots,X_n))\\
&= \frac{1}{n^2}\sum_{i=1}^n X_i^2+\frac{n-1}{n}\left(\frac{1}{n}\sum_{i=1}^n X_i\right)^2 \qquad (6.1.2)
\end{aligned}
$$

以及

$$
\begin{aligned}
&E(\overline{\widehat{\mu}}^{*2}|(X_1,X_2,\cdots,X_n))\\
&= E\left(\frac{1}{m^2}(\widehat{\mu}_1^*+\cdots+\widehat{\mu}_m^*)^2|(X_1,X_2,\cdots,X_n)\right)\\
&= \frac{1}{m}E(\widehat{\mu}_1^{*2}|(X_1,X_2,\cdots,X_n))+\frac{m-1}{m}E^2(\widehat{\mu}_1^*|(X_1,X_2,\cdots,X_n))\\
&= \frac{1}{m}\left[\frac{1}{n^2}\sum_{i=1}^n X_i^2+\frac{n-1}{n}\left(\frac{1}{n}\sum_{i=1}^n X_i\right)^2\right]+\frac{m-1}{m}\left(\frac{X_1+X_2+\cdots+X_n}{n}\right)^2 \qquad (6.1.3)
\end{aligned}
$$

结合式 (6.1.2) 和式 (6.1.4), 可得

$$
\begin{aligned}
&E(\widehat{\mathrm{Var}}(\widehat{\theta})|(X_1,X_2,\cdots,X_n))\\
&= \frac{m-1}{m}\left[\frac{1}{n^2}\sum_{i=1}^n X_i^2+\frac{n-1}{n}\left(\frac{1}{n}\sum_{i=1}^n X_i\right)^2\right]-\frac{m-1}{m}\left(\frac{X_1+X_2+\cdots+X_n}{n}\right)^2\\
&= \frac{m-1}{m}\left[\frac{1}{n^2}\sum_{i=1}^n X_i^2-\frac{1}{n}\overline{X}^2\right]=\frac{m-1}{mn^2}\sum_{i=1}^n(X_i-\overline{X})^2=\frac{m-1}{mn}\widehat{\sigma}^2
\end{aligned}
$$

这里 $\widehat{\sigma}^2=n^{-1}\sum_{i=1}^n(X_i-\overline{X})^2$. 因此 Bootstrap 法得到的估计 $\widehat{\mathrm{Var}}(\widehat{\theta})$ 的条件期望为 $(mn)^{-1}(m-1)\widehat{\sigma}^2$, 是方差 $\mathrm{Var}(\widehat{\theta})=n^{-1}\sigma^2$ 的估计.

下面给出例子说明估计量方差的 Bootstrap 估计.

▶ **例 6.1.4** 假设 $X_1,X_2,\cdots,X_n$ 是来自 $N(\mu,\sigma^2)$ 的样本, 用 $\widehat{\mu}=n^{-1}\sum_{i=1}^n X_i$ 估计 μ, 并求该估计量方差的 Bootstrap 估计.

模拟代码如下:

```
set.seed(1)
n=100;
mu=0;
sigma=2;
X=rnorm(n,mu,sigma);
muhat=mean(X) #基于样本信息, mu的估计
m=2000
muBst=NULL
```

```
for (i in (1:m)){
  O=sample(seq(1,n),n,replace=T)
  Bstrap_X=X[O] #有放回地从X中抽取新样本
  muBst[i]=mean(Bstrap_X) #基于新样本,mu的估计
}
var_muBst=mean((muBst-mean(muBst))^2) #方差的Bootstrap估计
```

▶ **例 6.1.5**　假设 $(X_1,Y_1),(X_2,Y_2),\cdots,(X_n,Y_n)$ 服从二元正态分布, 均值为 (μ_1,μ_2), 方差为 (σ_1^2,σ_2^2), 且相关系数为 ρ. 求相关系数 ρ 的估计, 并用 Bootstrap 方法估计其方差.

模拟代码如下:

```
set.seed(1)
library(mnormt)
n=100;
mu1=mu2=0;
sigma1=1;sigma2=2;
rho=0.6;sigma12=sigma21=rho*sigma1*sigma2;
mu=c(mu1,mu2);
Sigma=matrix(c(sigma1^2,sigma12,sigma21,sigma2^2),2,2);
Data=rmnorm(n,mu,Sigma);
X=Data[,1];Y=Data[,2];
rhohat=sum((X-mean(X))*(Y-mean(Y)))/ #基于样本信息, rho的估计
       sqrt(sum((X-mean(X))^2)*sum((Y-mean(Y))^2));
m=2000;
rhoBst=NULL;
for (i in (1:m)){
  O=sample(seq(1,n),n,replace=T);
  Bst_Data=Data[O,]; #有放回地抽取新样本
  X=Bst_Data[,1];Y=Bst_Data[,2];
  rhoBst[i]=sum((X-mean(X))*(Y-mean(Y)))/
            sqrt(sum((X-mean(X))^2)*sum((Y-mean(Y))^2));
  #基于新样本,rho的估计
}
var_rhoBst=mean((rhoBst-mean(rhoBst))^2) # 方差的Bootstrap估计
```

▶ **例 6.1.6**　假设 $X_1,X_2,\cdots,X_{n_1}$ 和 $Y_1,Y_2,\cdots,Y_{n_2}$ 分别是来自正态分布总体 $N(\mu_1,\sigma_1^2)$ 和 $N(\mu_2,\sigma_2^2)$ 的两个独立样本. 给出 σ_1^2/σ_2^2 的估计, 并用 Bootstrap 方法估计其方差.

R 程序计算如下:

```
set.seed(1)
n1=100;n2=200;
mu1=0;mu2=0.2;
sigma1=1;sigma2=2;
X=rnorm(n1,mu1,sigma1)
```

```
Y=rnorm(n2,mu2,sigma2)
Sx=sum((X-mean(X))^2)/(n1-1);Sy=sum((Y-mean(Y))^2)/(n2-1)
ratiohat=Sx/Sy #基于样本信息，方差比值的估计
m=2000;
ratioBst=NULL;
for (i in (1:m)){
  O1=sample(seq(1,n1),n1,replace=T);
  O2=sample(seq(1,n2),n2,replace=T);
  X_Bst=X[O1];Y_Bst=Y[O2]; #分别有放回地从X,Y抽取新样本
  Sx_Bst=sum((X_Bst-mean(X_Bst))^2)/(n1-1);
  Sy_Bst=sum((Y_Bst-mean(Y_Bst))^2)/(n2-1);
  ratioBst[i]=Sx_Bst/Sy_Bst #基于新样本,方差比值的估计
}
var_ratioBst=mean((ratioBst-mean(ratioBst))^2)
# 估计量方差的Bootstrap估计
```

6.2 基于 Jackknife 法的估计

在 Bootstrap 方法提出之前, 有影响力的重抽样方法是由 Quenouille(1949, 1956) 提出的 Jackknife 法. Jackknife 估计的基本思想是, 对于从样本 $X_1, X_2, \cdots, X_n$ 中获得的感兴趣参数 θ 的估计量 $\widehat{\theta}(X_1, X_2, \cdots, X_n)$, 其分布特征 (如估计量的偏差和方差) 可以用 Jackknife 法得到. 对于给定样本 $X_1, X_2, \cdots, X_n$, 每次删除其中一个 (或者几个) 样本点, 基于剩下的样本采用相同的估计量公式得到 θ 的估计, 经过逐个删除并分别计算估计之后, 便可得到一系列估计值, 基于这些估计值进而估计 $\widehat{\theta}$ 的分布特征. 去掉一个数据的 Jackknife 计算 θ 的具体步骤如下:

(1) 从观测样本 $X_1, X_2, \cdots, X_n$ 中去掉第 i 个数据 X_i 后的剩余样本, 定义为第 i 个 Jackknife 样本, 记为 $X_{(-i)} = (X_1, \cdots, X_{i-1}, X_{i+1}, \cdots, X_n)$;

(2) 基于第 i 个 Jackknife 样本 $X_{(-i)}(i = 1, 2, \cdots, n)$, 得到相应的估计 $\widehat{\theta}_{(-i)} = \widehat{\theta}(X_{(-i)})(i = 1, 2, \cdots, n)$.

Jackknife 法就是利用 $\widehat{\theta}_{(-i)} = \widehat{\theta}(X_{(-i)})(i = 1, 2, \cdots, n)$ 得到估计量 $\widehat{\theta}(X_1, X_2, \cdots, X_n)$ 的分布特征.

下面两节分别介绍估计量偏差和标准差的 Jackknife 估计.

6.2.1 估计量偏差的 Jackknife 估计

基于 $\widehat{\theta}_{(-i)}$, $\widehat{\theta}$ 的偏差 $\text{Bias}(\widehat{\theta}) = E(\widehat{\theta}) - \theta$ 的 Jackknife 估计为

$$\widehat{\text{Bias}}(\widehat{\theta}) = (n-1)\left(\frac{1}{n}\sum_{i=1}^{n}\widehat{\theta}_{(-i)} - \widehat{\theta}\right) = \frac{n-1}{n}\sum_{i=1}^{n}(\widehat{\theta}_{(-i)} - \widehat{\theta}) \tag{6.2.1}$$

下面通过具体的例子说明偏差 Jackknife 估计的合理性. 以总体方差 $\theta=\sigma^2$ 为例, 对于方差的估计 $\widehat{\theta}=n^{-1}\sum_{i=1}^{n}(X_i-\overline{X})^2$. 估计量 $\widehat{\theta}$ 是 σ^2 的有偏估计, 偏差为 $\text{Bias}(\widehat{\theta})=E(\widehat{\theta})-\theta=-n^{-1}\sigma^2$. 对于每一个 Jackknife 估计 $\widehat{\theta}_{(-i)}$, 基于样本量 $n-1$ 的样本 $X_{(-i)}=(X_1,\cdots,X_{i-1},X_{i+1},\cdots,X_n)$ 构造, 因此

$$
\begin{aligned}
&E(\widehat{\theta}_{(-i)}-\widehat{\theta})=E(\widehat{\theta}_{(-i)}-\theta)-E(\widehat{\theta}-\theta)=\text{Bias}(\widehat{\theta}_{(-i)})-\text{Bias}(\widehat{\theta})\\
&=-\frac{\sigma^2}{n-1}-\left(-\frac{\sigma^2}{n}\right)=-\frac{\sigma^2}{n(n-1)}=\frac{\text{Bias}(\widehat{\theta})}{n-1}
\end{aligned}
$$

根据上式可得

$$
\text{Bias}(\widehat{\theta})=(n-1)E(\widehat{\theta}_{(-i)}-\widehat{\theta}) \tag{6.2.2}
$$

根据式 (6.2.1) 和式 (6.2.2), 可得

$$
\begin{aligned}
&E(\widehat{\text{Bias}}(\widehat{\theta}))=\frac{n-1}{n}E\left(\sum_{i=1}^{n}(\widehat{\theta}_{(-i)}-\widehat{\theta})\right)\\
&=(n-1)E(\widehat{\theta}_{(-1)}-\widehat{\theta})=\text{Bias}(\widehat{\theta})
\end{aligned}
$$

因此, 偏差 Jackknife 估计 $\widehat{\text{Bias}}(\widehat{\theta})$ 是偏差 $\text{Bias}(\widehat{\theta})$ 的无偏估计.

下面给出例子说明估计量偏差的 Jackknife 估计.

▶ **例 6.2.1**　假设 $X_1,X_2,\cdots,X_n$ 是来自 $N(\mu,\sigma^2)$ 的样本, 用 $\widehat{\sigma}^2=n^{-1}\sum_{i=1}^{n}(X_i-\overline{X})^2$ 估计 σ^2, 并用 Jackknife 法估计其偏差.

R 程序计算如下:

```
set.seed(1)
n=100;
mu=0;
sigma=2;
X=rnorm(n,mu,sigma);
sigma2hat=sum((X-mean(X))^2)/n #基于原样本, sigma^2的估计
sigma2Jack=NULL
for (i in (1:n)){
  Jack_X=X[-i] #去掉第i个样本点
  sigma2Jack[i]=sum((Jack_X-mean(Jack_X))^2)/(n-1)
  # 基于新样本, sigma^2的估计
}
Bias=(n-1)*mean(sigma2Jack-sigma2hat) #偏差的Jackknife估计
```

▶ **例 6.2.2**　假设 $(X_1,Y_1),(X_2,Y_2),\cdots,(X_n,Y_n)$ 服从二元正态分布, 均值为 (μ_1,μ_2), 方差为 (σ_1^2,σ_2^2), 且相关系数为 ρ. 求相关系数 ρ 的估计, 并用 Jackknife 法估计其偏差.

R 程序计算如下:

```
set.seed(1)
library(mnormt)
n=100;
mu1=mu2=0;
sigma1=1;sigma2=2;
rho=0.6;sigma12=sigma21=rho*sigma1*sigma2;
mu=c(mu1,mu2);
Sigma=matrix(c(sigma1^2,sigma12,sigma21,sigma2^2),2,2);
Data=rmnorm(n,mu,Sigma);
X=Data[,1];Y=Data[,2];
rhohat=sum((X-mean(X))*(Y-mean(Y)))/ #基于原样本，rho的估计
  sqrt(sum((X-mean(X))^2)*sum((Y-mean(Y))^2));
rhoJack=NULL;
for (i in (1:n)){
  Jack_Data=Data[-i,]; #去掉第i组(X,Y)
  X=Jack_Data[,1];Y=Jack_Data[,2];
  rhoJack[i]=sum((X-mean(X))*(Y-mean(Y)))/
    sqrt(sum((X-mean(X))^2)*sum((Y-mean(Y))^2));
  #基于新样本，rho的估计
}
Bias=(n-1)*mean(rhoJack-rhohat) #偏差的Jackknife估计
```

6.2.2 估计量标准差的 Jackknife 估计

对于估计量 $\widehat{\theta}$, 其标准差的 Jackknife 估计定义为

$$\widehat{SE}_{Jack}(\widehat{\theta}) = \left[\frac{n-1}{n}\sum_{i=1}^{n}(\widehat{\theta}_{(-i)} - \overline{\widehat{\theta}}_{(\cdot)})^2\right]^{1/2} \tag{6.2.3}$$

这里 $\overline{\widehat{\theta}}_{(\cdot)} = n^{-1}\sum_{i=1}^{n}\widehat{\theta}_{(-i)}$. 相应地, 根据式 (6.2.3) 可得到方差的 Jackknife 估计.

接下来通过例子说明方差的 Jackknife 估计的合理性, 以 θ 是总体均值为例, $\widehat{\theta} = \overline{X} = n^{-1}\sum_{i=1}^{n}X_i$, 其方差为 $\mathrm{Var}(\widehat{\theta}) = n^{-1}\sigma^2$. 由于

$$\widehat{\theta}_{(-i)} = \frac{n\overline{X} - X_i}{n-1}$$

可得

$$\overline{\widehat{\theta}}_{(\cdot)} = n^{-1}\sum_{i=1}^{n}\widehat{\theta}_{(-i)} = n^{-1}\sum_{i=1}^{n}\frac{n\overline{X} - X_i}{n-1} = \frac{(n^2-n)\overline{X}}{n(n-1)} = \overline{X}$$

基于上述结果, 不难得到

$$\widehat{\text{Var}}_{Jack}(\widehat{\theta}) = \frac{n-1}{n}\sum_{i=1}^{n}(\widehat{\theta}_{(-i)} - \overline{\widehat{\theta}}_{(\cdot)})^2$$
$$= \frac{n-1}{n}\sum_{i=1}^{n}\left(\frac{n\overline{X}-X_i}{n-1} - \overline{X}\right)^2 = \frac{1}{n(n-1)}\sum_{i=1}^{n}(X_i - \overline{X})^2$$

因此 $E(\widehat{\text{Var}}_{Jack}(\widehat{\theta})) = n^{-1}\sigma^2$, 也就是估计量 θ 的方差的 Jackknife 估计是无偏估计. 下面给出例子说明估计量方差的 Jackknife 估计.

▶ **例 6.2.3**　假设 $X_1, X_2 \cdots, X_n$ 是来自 $N(\mu, \sigma^2)$ 的样本, 用 $\widehat{\mu} = \frac{1}{n}\sum_{i=1}^{n} X_i$ 估计 σ^2, 并用 Jackknife 法估计其方差.

R 程序计算如下:

```
set.seed(1)
n=100;
mu=0;
sigma=2;
X=rnorm(n,mu,sigma);
muhat=mean(X) #基于样本信息, mu的估计
muJack=NULL
for (i in (1:n)){
  Jack_X=X[-i]
  muJack[i]=mean(Jack_X) #基于新样本, mu的估计
}
Varhat=(n-1)*mean((muJack-mean(muJack))^2) #方差Jackknife估计
```

▶ **例 6.2.4**　假设 $(X_1, Y_1), (X_2, Y_2), \cdots, (X_n, Y_n)$ 服从二元正态分布, 均值为 (μ_1, μ_2), 方差为 (σ_1^2, σ_2^2), 且相关系数为 ρ. 求相关系数 ρ 的估计, 并用 Jackknife 方法估计其方差.

模拟程序如下:

```
set.seed(1)
library(mnormt)
n=100;
mu1=mu2=0;
sigma1=1;sigma2=2;
rho=0.6;sigma12=sigma21=rho*sigma1*sigma2;
mu=c(mu1,mu2);
Sigma=matrix(c(sigma1^2,sigma12,sigma21,sigma2^2),2,2);
Data=rmnorm(n,mu,Sigma);
X=Data[,1];Y=Data[,2];
rhohat=sum((X-mean(X))*(Y-mean(Y)))/ #基于样本信息, rho的估计
       sqrt(sum((X-mean(X))^2)*sum((Y-mean(Y))^2));
rhoJack=NULL;
for (i in (1:n)){
  Jack_Data=Data[-i,];
```

```
  X=Jack_Data[,1];Y=Jack_Data[,2];
  rhoJack[i]=sum((X-mean(X))*(Y-mean(Y)))/
             sqrt(sum((X-mean(X))^2)*sum((Y-mean(Y))^2));
  #基于新样本, rho的估计
}
Varhat=(n-1)*mean((rhoJack-mean(rhoJack))^2)
#方差的Jackknife估计
```

6.2.3 Jackknife-after-Bootstrap 估计

6.1 节介绍了估计量偏差和标准差的 Bootstrap 估计, 这些估计本身又是估计量, 那么这些估计量的方差该如何估计呢? 一种方法就是使用 Jackknife 方法来估计这些估计量的方差. 下面的步骤给出了 $\widehat{\theta}$ 标准差的 Jackknife-after-Bootstrap 估计.

(1) 固定 i, 从观测数据 $X_{(-i)}=(X_1,\cdots,X_{i-1},X_{i+1},\cdots,X_n)$ 中有放回地产生数据 $X^*_{(-i),1}=(X^*_{11},X^*_{12},\cdots,X^*_{1,n-1})$, 基于此样本得到 θ 的估计为 $\widehat{\theta}^*_{(-i),1}=:\widehat{\theta}^*_{(-i),1}(X^*_{(-i),1})$;

(2) 重复上述步骤 m 次, 相应的估计分别记为 $\widehat{\theta}^*_{(-i),1},\widehat{\theta}^*_{(-i),2},\cdots,\widehat{\theta}^*_{(-i),m}$;

(3) 计算 $\overline{\widehat{\theta}}^*_{(-i)}=m^{-1}\sum_{k=1}^{m}\widehat{\theta}^*_{(-i),k}$, 基于 $\widehat{\theta}^*_{(-i),1},\widehat{\theta}^*_{(-i),2},\cdots,\widehat{\theta}^*_{(-i),m}$, $\widehat{\theta}$ 标准差的 Bootstrap 估计为

$$\widehat{SE}_{(-i)}(\widehat{\theta})=\left[\frac{1}{m}\sum_{k=1}^{m}(\widehat{\theta}^*_{(-i),k}-\overline{\widehat{\theta}}^*_{(-i)})^2\right]^{1/2}$$

(4) 对于各 $i=1,2,\cdots,n$, 重复上述步骤 (1) ~ (3), 得到 $\widehat{SE}_{(-1)}(\widehat{\theta})$, $\widehat{SE}_{(-2)}(\widehat{\theta}),\cdots$, $\widehat{SE}_{(-n)}(\widehat{\theta})$, 则 $\widehat{SE}(\widehat{\theta})$ 的标准差的 Jackknife 估计为

$$\widehat{SE}_{Jack}(\widehat{SE}(\widehat{\theta}))=\left[\frac{n-1}{n}\sum_{i=1}^{n}\left(\widehat{SE}_{(-i)}(\widehat{\theta})-\overline{\widehat{SE}}_{(\cdot)}(\widehat{\theta})\right)^2\right]^{1/2}$$

这里 $\overline{\widehat{SE}}_{(\cdot)}(\widehat{\theta})=n^{-1}\sum_{i=1}^{n}\widehat{SE}_{(-i)}(\widehat{\theta})$.

▶ **例 6.2.5** 假设 $X_1,X_2,\cdots,X_n$ 是来自 $N(\mu,\sigma^2)$ 的样本, 用 Bootstrap 方法估计 μ 的估计量 $\widehat{\mu}=n^{-1}\sum_{i=1}^{n}X_i$ 的方差, 并用 Jackknife 方法估计 Bootstrap 方差估计量的方差.

R 程序计算如下:

```
set.seed(1)
n=100;
mu=0;
sigma=2;
X=rnorm(n,mu,sigma);
m=2000
muBst=var_muBst=NULL
```

```
for (i in (1:n)){
  X_Jack=X[-i];
  for (j in (1:m)){
    O=sample(seq(1,n-1),n-1,replace=T)
    X_Jack_Bstrap=X_Jack[O]
    #去掉第i个样本后，有放回抽样得到的新样本
    muBst[j]=mean(X_Jack_Bstrap) #基于新样本，得到的mu估计
  }
  var_muBst[i]=mean((muBst-mean(muBst))^2)
  #Bootstrap 方法得到的方差估计
}
varJack_muBst=(n-1)*mean((var_muBst-mean(var_muBst))^2)
#Jackknife方法得到的Bootstrap估计量的方差估计
```

▶ **例 6.2.6**　假设 $(X_1,Y_1),(X_2,Y_2),\cdots,(X_n,Y_n)$ 服从二元正态分布, 均值为 (μ_1,μ_2), 方差为 (σ_1^2,σ_2^2), 且相关系数为 ρ. 用 Bootstrap 方法估计 ρ 的估计量的方差, 并用 Jackknife 方法估计 Bootstrap 方差估计量的方差.

R 程序计算如下:

```
set.seed(1)
library(mnormt)
n=100;
mu1=mu2=0;
sigma1=1;sigma2=2;
rho=0.6;sigma12=sigma21=rho*sigma1*sigma2;
mu=c(mu1,mu2);
Sigma=matrix(c(sigma1^2,sigma12,sigma21,sigma2^2),2,2);
Data=rmnorm(n,mu,Sigma);
X=Data[,1];Y=Data[,2];
rhohat=sum((X-mean(X))*(Y-mean(Y)))/ #基于样本信息, rho的估计
  sqrt(sum((X-mean(X))^2)*sum((Y-mean(Y))^2));
m=2000;
rhoBst=var_rhoBst=NULL;
for (i in (1:n)){
  Data_Jack=Data[-i,];
  for (j in (1:m)){
    O=sample(seq(1,n-1),n-1,replace=T);
    Data_Jack_Bst=Data_Jack[O,];
    X=Data_Jack_Bst[,1];Y=Data_Jack_Bst[,2];
    rhoBst[j]=sum((X-mean(X))*(Y-mean(Y)))/
      sqrt(sum((X-mean(X))^2)*sum((Y-mean(Y))^2));
    #rho的Bootstrap估计
  }
```

```
  var_rhoBst[i]=mean((rhoBst-mean(rhoBst))^2)
  #Bootstrap 方法得到的方差估计
}
varJack_rhoBst=(n-1)*mean((var_rhoBst-mean(var_rhoBst))^2)
#Jackknife方法得到的Bootstrap估计量的方差估计
```

6.3 基于 Bootstrap 法的置信区间估计

本节介绍几种利用 Bootstrap 法构造参数 θ 的渐近置信区间的方法, 主要包括标准正态 Bootstrap 置信区间、基本的 Bootstrap 置信区间、Bootstrap 百分位数 (percentile) 置信区间以及 Bootstrap 的 t 置信区间.

标准正态 Bootstrap 置信区间是一种比较简单的方法. 假设 $\widehat{\theta}$ 是参数 θ 的无偏估计量, 估计量的标准差为 $SE(\widehat{\theta})$. 如果

$$Z=\frac{\widehat{\theta}-E(\widehat{\theta})}{SE(\widehat{\theta})}=\frac{\widehat{\theta}-\theta}{SE(\widehat{\theta})}$$

渐近服从标准正态分布, 则 θ 的一个渐近的 $100(1-\alpha)\%$ 标准正态 Bootstrap 置信区间为

$$\widehat{\theta}\pm z_{\alpha/2}\widehat{SE}_B(\widehat{\theta})$$

这里 $z_{\alpha/2}=\Phi^{-1}(1-\alpha/2)$, $\widehat{SE}_B(\widehat{\theta})$ 为 $\widehat{\theta}$ 标准差的 Bootstrap 估计. 标准正态 Bootstrap 置信区间需要渐近正态性条件, 以及 $\widehat{\theta}$ 为 θ 的无偏估计.

基本的 Bootstrap 置信区间的想法是通过计算估计 $\widehat{\theta}$ 的 $\alpha/2$ 和 $1-\alpha/2$ 的 Bootstrap 百分位数构造, 具体表达式为

$$[\widehat{\theta}^*_{([m\alpha/2])},\widehat{\theta}^*_{([m(1-\alpha/2)])}]$$

这里 $\widehat{\theta}^*_{([m\alpha/2])}$ 和 $\widehat{\theta}^*_{([m(1-\alpha/2)])}$ 是 Bootstrap 法得到估计 $\widehat{\theta}^*_1,\widehat{\theta}^*_2,\cdots,\widehat{\theta}^*_m$ 的第 $[m\alpha/2]$ 和 $\left[m\left(1-\frac{\alpha}{2}\right)\right]$ 个次序统计量的值. 本质上, $\widehat{\theta}^*_1,\widehat{\theta}^*_2,\cdots,\widehat{\theta}^*_m$ 可以看作是从 $\widehat{\theta}$ 分布中抽取的 Bootstrap 样本, 因此 $P(\widehat{\theta}^*_{([m\alpha/2])}<\widehat{\theta}<\widehat{\theta}^*_{([m(1-\alpha/2)])})\approx 1-\alpha$. 由于 $\widehat{\theta}$ 为 θ 的估计, 所以 $P(\widehat{\theta}^*_{([m\alpha/2])}<\theta<\widehat{\theta}^*_{([m(1-\alpha/2)])})\approx 1-\alpha$.

Bootstrap 百分位数置信区间基于等式 $P(L<\widehat{\theta}-\theta<U)=1-\alpha$ 构造. 本质上, 通过分布 $\widehat{\theta}-\theta$ 的 $\alpha/2$ 和 $1-\alpha/2$ 的分位点 L 和 U 得到 θ 的置信区间. 两个分位数可通过 $\widehat{\theta}^*_{([m\alpha/2])}-\widehat{\theta}$ 和 $\widehat{\theta}^*_{([m(1-\alpha/2)])}-\widehat{\theta}$ 近似, 也就是

$$P\left(\widehat{\theta}^*_{([m\alpha/2])}-\widehat{\theta}<\widehat{\theta}-\theta<\widehat{\theta}^*_{([m(1-\alpha/2)])}-\widehat{\theta}\right)\approx 1-\alpha$$

相对应地, 可得

$$P\left(2\widehat{\theta}-\widehat{\theta}^*_{([m(1-\alpha/2)])}<\theta<2\widehat{\theta}-\widehat{\theta}^*_{([m\alpha/2])}\right)\approx 1-\alpha$$

因此, $100(1-\alpha)\%$ 置信区间为 $[2\widehat{\theta}-\widehat{\theta}^*_{([m(1-\alpha/2)])},2\widehat{\theta}-\widehat{\theta}^*_{([m\alpha/2])}]$.

接下来介绍 Bootstrap 的 t 置信区间方法, 即使 $\widehat{\theta}$ 的分布是正态分布, 且 $\widehat{\theta}$ 为 θ 的无偏估计, $(\widehat{\theta}-\theta)/\widehat{SE}_B(\widehat{\theta})$ 的分布也不一定是正态的, 这里 $\widehat{SE}_B(\widehat{\theta})$ 是 $\widehat{\theta}$ 的 Bootstrap 标准差估计. Bootstrap 的 t 置信区间方法本质上是用 Bootstrap 法近似

$$t=\frac{\widehat{\theta}-\theta}{\widehat{SE}_B(\widehat{\theta})}$$

的分布. 具体步骤如下:

(1) 从样本 $(X_1,X_2,\cdots,X_n)$ 中有放回地产生数据 $(X_{11}^*,X_{12}^*,\cdots,X_{1n}^*)$, 得到的 θ 的估计, 记为 $\widehat{\theta}_1^*=:\widehat{\theta}_1^*(X_{11}^*,X_{12}^*,\cdots,X_{1n}^*)$;

(2) 从所得样本 $(X_{11}^*,X_{12}^*,\cdots,X_{1n}^*)$ 中再抽样 k 次, 得到 $\widehat{\theta}_1^*$ 的标准差 $\widehat{SE}(\widehat{\theta}_1^*)$, 计算

$$t_1^*=\frac{\widehat{\theta}_1^*-\widehat{\theta}}{\widehat{SE}(\widehat{\theta}_1^*)};$$

(3) 重复上述步骤 m 次, 相应得到 $t_1^*,t_2^*,\cdots,t_m^*$.

用 $t^*_{([m\alpha/2])}$ 和 $t^*_{([m(1-\alpha/2)])}$ 分别表示 $t_1^*,t_2^*,\cdots,t_m^*$ 的第 $[m\alpha/2]$ 和 $[m(1-\alpha/2)]$ 次序统计量, 则

$$P\left(t^*_{([m\alpha/2])}<\frac{\widehat{\theta}-\theta}{\widehat{SE}_B(\widehat{\theta})}<t^*_{([m(1-\alpha/2)])}\right)\approx 1-\alpha$$

基于上式, Bootstrap 的 t 置信区间为

$$[\widehat{\theta}-t^*_{([m(1-\alpha/2)])}\widehat{SE}_B(\widehat{\theta}),\widehat{\theta}-t^*_{([m\alpha/2])}\widehat{SE}_B(\widehat{\theta})]$$

▶ **例 6.3.1**　假设 $X_1,X_2,\cdots,X_n$ 是来自 $N(\mu,\sigma^2)$ 的样本, 用 Bootstrap 方法估计参数 μ 的置信区间.

模拟程序如下:

```
set.seed(1)
alpha=0.05;n=100;
mu=0;sigma=1;
X=rnorm(n,mu,sigma);
muhat=mean(X) #基于样本信息, mu的估计
m=K=rep_muBst=500;muBst=t=NULL
for (i in (1:m)){
  O=sample(seq(1,n),n,replace=T)
  Bstrap_X=X[O] #有放回地从X中抽取样本
  muBst[i]=mean(Bstrap_X) #基于重抽样样本, mu的估计
  for (k in (1:K)){
    O=sample(seq(1,n),n,replace=T)
    rep_Bstrap_X=Bstrap_X[O]; #有放回地从重抽样样本中抽取样本
    rep_muBst[k]=mean(rep_Bstrap_X);
  }
  se_rep=sqrt(mean((rep_muBst-mean(rep_muBst))^2));
  #基于重抽样样本估计的估计量标准差
```

```
  t[i]=(muBst[i]-muhat)/se_rep;
  #基于第i组重抽样样本和估计的标准差, 构建t统计量
}
se_muBst=sqrt(mean((muBst-mean(muBst))^2))
#构造第一种置信区间和第四种置信区间需要的标准差估计
L1=muhat-qnorm(1-alpha/2,0,1)*se_muBst;
U1=muhat+qnorm(1-alpha/2,0,1)*se_muBst; #第一种区间
smuBst=sort(muBst)
L2=smuBst[round(m*alpha/2)];
U2=smuBst[round(m*(1-alpha/2))]; #第二种区间
L3=2*muhat-smuBst[round(m*(1-alpha/2))];
U3=2*muhat-smuBst[round(m*alpha/2)]; #第三种区间
st=sort(t)
L4=muhat-st[round(m*(1-alpha/2))]*se_muBst;
U4=muhat-st[round(m*alpha/2)]*se_muBst; #第四种区间
c(L1,U1);c(L2,U2);c(L3,U3);c(L4,U4)
```

习题

6.1 设 $X_1, X_2, \cdots, X_n$ 和 $Y_1, Y_2, \cdots, Y_m$ 分别是来自总体 $N(\mu_1, \sigma_1^2)$ 和 $N(\mu_2, \sigma_2^2)$ 的两个独立样本, 给出 σ_1^2/σ_2^2 的估计 $\hat{\sigma}_1^2/\hat{\sigma}_2^2$. 取 $n = 100$, $m = 200$, $\mu_1 = 0$, $\mu_2 = 1$, $\sigma_1 = 1$, $\sigma_2 = 2$, 并用 Bootstrap 方法估计 $\hat{\sigma}_1^2/\hat{\sigma}_2^2$ 的方差和偏差, 给出相应的程序.

6.2 设 $X_1, X_2, \cdots, X_n$ 和 $Y_1, Y_2, \cdots, Y_m$ 分别是来自总体 $N(\mu_1, \sigma_1^2)$ 和 $N(\mu_2, \sigma_2^2)$ 的两个独立样本, 给出 σ_1^2/σ_2^2 的估计 $\hat{\sigma}_1^2/\hat{\sigma}_2^2$. 取 $n = 100$, $m = 200$, $\mu_1 = 0$, $\mu_2 = 1$, $\sigma_1 = 1$, $\sigma_2 = 2$, 并用 Jackknife 方法估计 $\hat{\sigma}_1^2/\hat{\sigma}_2^2$ 的方差和偏差, 给出相应的程序.

6.3 设 $X_1, X_2, \cdots, X_n$ 是来自总体 $\text{Gamma}(\alpha, \lambda)$ 的独立样本, 给出 α 和 λ 的估计 $\hat{\alpha}$ 和 $\hat{\lambda}$. 取 $n = 200$, $\alpha = 2$, $\lambda = 1$, 并应用 Bootstrap 方法估计 $\hat{\alpha}$ 和 $\hat{\lambda}$ 的方差和偏差, 给出相应的程序.

6.4 设 $X_1, X_2, \cdots, X_n$ 是来自总体 $\text{Gamma}(\alpha, \lambda)$ 的独立样本, 给出 α 和 λ 的估计 $\hat{\alpha}$ 和 $\hat{\lambda}$. 取 $n = 200$, $\alpha = 2$, $\lambda = 1$, 并应用 Jackknife 方法估计 $\hat{\alpha}$ 和 $\hat{\lambda}$ 的方差和偏差, 给出相应的程序.

6.5 设 $X_1, X_2, ..., X_n$ 是来自总体 $N(0, \sigma^2)$ 的独立样本, 用 Bootstrap 方法估计 σ^2 的估计量 $\hat{\sigma^2} = \frac{1}{n}\sum_{i=1}^{n}(X_i - \bar{X})$ 的偏差, 取 $n = 200$, $\sigma = 2$, 并用 Jackknife 方法估计 Bootstrap 偏差估计量的方差, 给出相应的程序.

第7章 EM 算法

基于样本观测数据估计感兴趣的参数, 一种常用的方法是通过极大化观测数据的对数似然函数得到参数的估计. 但是在有些情况下, 得到的数据不是完整数据, 还有一部分隐含数据没有观测到, 或者说部分数据缺失. 在很多情况下, 不完整数据的极大似然函数不容易得到, 无法直接极大化对数似然函数得到感兴趣的参数. EM 算法 (Expectation-Maximization Algorithm) 就是用来解决隐含数据存在情况下的参数估计问题. 该算法基础和收敛有效性等问题在 Dempster, Laird 和 Rubin 1977 年的文章 "Maximum likelihood from incomplete data via the EM algorithm" 中给出了详细阐述. EM 算法的基本思想是: 由于完整数据的极大似然函数中含有隐含数据, 因此无法极大化该对数似然函数得到感兴趣参数. 但是可以先基于观测到的不完全数据和上一步估计出的参数值, 预测完整数据的对数似然函数, 这是 EM 算法的 E 步. 极大化预测完整数据的对数似然函数, 得到感兴趣参数的估计, 此步称为 EM 算法的 M 步. E 步和 M 步反复迭代, 直到估计参数基本无变化, 算法收敛, 得到最终的参数估计.

我们通过一个具体的例子说明 EM 算法. 某年级有 100 个男生和 100 个女生, 男生身高服从正态分布 $N(\mu_1,\sigma_1^2)$, 女生身高服从正态分布 $N(\mu_2,\sigma_2^2)$. 对于参数 (μ_1,σ_1^2) 和 (μ_2,σ_2^2) 的估计, 可以分别用 100 个男生和 100 个女生身高的平均值和方差估计. 如果这 200 个学生身高数据并不知道是女生身高还是男生身高, 如何估计这些参数? EM 算法的思路是如果知道参数 (μ_1,σ_1^2) 和 (μ_2,σ_2^2) 的估计, 通过这些参数估计预测每个身高数据是女生身高还是男生身高的概率, 也就是每个身高数据更有可能是男生还是女生. 根据每个身高数据是男生身高还是女生身高, 就可以更准确地估计男女各自身高的正态分布参数. 先假定男女身高的正态分布参数的初值, 根据初值判断每个身高数据是来自男生还是女生, 之后分别基于男生和女生身高数据估计正态分布参数. 此步骤反复迭代, 直到结果收敛.

7.1 EM 算法的步骤和原理

观测数据记为 $X=\{x_1,x_2,\cdots,x_n\}$, 没有观测到的隐含数据记为 $Y=\{y_1,y_2,\cdots,y_n\}$, 完整数据记为 $Z=(X,Y)$. 完整数据联合分布记为 $p(X,Y;\theta)$, 条件分布记为 $p(Y|X;\theta)$. 基于完整数据的似然函数为 $L(Z;\theta)=p(Z;\theta)=p(Y|X;\theta)p(X;\theta)$. EM 迭代算法如下:

E 步: 记 $\theta^{(i-1)}$ 表示第 $i-1$ 步得到的参数的估计, 定义

$$Q(\theta,\theta^{(i-1)}) = E(\log L(Z;\theta)|X;\theta^{(i-1)}) \tag{7.1.1}$$
$$= \begin{cases} \displaystyle\int_{y\in Y} \log p(X,y|\theta)p(y|X,\theta^{(i-1)})\mathrm{d}y, & Y \text{ 为连续分布} \\ \displaystyle\sum_{y\in Y} \log p(X,y|\theta)p(y|X,\theta^{(i-1)}), & Y \text{ 为离散分布} \end{cases}$$

关于 θ 极大化 $Q(\theta,\theta^{(i-1)})$:

M 步:

$$\theta^{(i)} = \arg\max_{\theta} Q(\theta,\theta^{(i-1)})$$

如果基于观测数据 $X=\{x_1,x_2,\cdots,x_n\}$ 得到极大似然估计, 不需要采用 EM 算法得到参数的估计. 为什么 EM 算法得到的估计是合理的? 或者 EM 算法得到的估计能否近似观测数据的极大似然估计呢? 下面给出 EM 算法的合理性. 事实上, 我们感兴趣的是观测数据的极大似然估计, 即

$$\widehat{\theta} = \arg\max \sum_{i=1}^{n} \log p\left(x_i,\theta\right) \tag{7.1.2}$$

这里 $p\left(x_i,\theta\right)$ 是 x_i 的分布函数. 如果式 (7.1.2) 很容易求解, 则不需要采用 EM 算法. 由于观测数据不完整, 存在隐含数据, 基于观测数据的极大似然估计不易直接求得.

引入潜变量 y 的分布 $Q(y)$, 即满足 $\sum\limits_{y} Q(y)=1, Q(y)\geqslant 0$. 使用 Jensen 不等式 $f(E(X))\leqslant E(f(X))$ (如果 f 是凹函数), 对式 (7.1.2) 进行缩放

$$\begin{aligned}\sum_{i=1}^{n}\log p\left(x_i,\theta\right) &= \sum_{i=1}^{n}\log\sum_{y} Q(y)\frac{p\left(x_i,y;\theta\right)}{Q(y)} \\ &\geqslant \sum_{i=1}^{n}\sum_{y} Q(y)\log\frac{p\left(x_i,y;\theta\right)}{Q(y)}\end{aligned}$$

根据 Jensen 不等式, 等式成立, 则有

$$\frac{p(x_i,y;\theta)}{Q(y)} = c$$

又因为 $\sum\limits_{y} Q(y)=1$, 所以 $\sum\limits_{y} p(x_i,y;\theta) = \sum\limits_{y}(cQ(y)) = c$. 潜变量 y 的分布 $Q(y)$ 此时为

$$Q(y) = \frac{p(x_i,y;\theta)}{\sum\limits_{y} p(x_i,y;\theta)} = p(y|x_i;\theta)$$

上述结论表明当 $Q(y)$ 等于条件分布 $p(y|x_i;\theta)$ 时, 可得到观测数据对数似然函数 $\sum\limits_{i=1}^{n}\log p(y_i;\theta)$ 的最佳近似. 此时

$$L(\theta) = \sum_{i=1}^{n}\log p\left(x_i,\theta\right) = \sum_{i=1}^{n}\sum_{y} p(y|x_i;\theta)\log\frac{p\left(x_i,y;\theta\right)}{p(y|x_i;\theta)} \tag{7.1.3}$$

我们通常关心 EM 算法能否收敛; 如果收敛, 能否收敛到全局最大值. 对于迭代估计 $\theta^{(i)}$, $\theta^{(i-1)}$, 下面说明 $L(\theta^{(i)}) \geqslant L(\theta^{(i-1)})$, 也就是对数似然函数的值在迭代的过程中一直在增大. 注意到

$$\sum_{i=1}^{n} \log p\left(x_i, y; \theta\right) = \sum_{i=1}^{n} \log p(x_i; \theta) + \sum_{i=1}^{n} \log p(y|x_i; \theta)$$

给定第 $i-1$ 次的迭代估计值 $\theta^{(i-1)}$, 对上式两边关于条件密度 $p(y \mid x_i; \theta^{(i-1)})$ 求期望. 注意到上式右侧第一项与潜变量 y 无关, 我们有

$$\begin{aligned} L(\theta) &= \sum_{i=1}^{n} \sum_{y} p(y|x_i; \theta^{(i-1)}) \log p\left(x_i, y; \theta\right) - \sum_{i=1}^{n} \sum_{y} p(y|x_i; \theta^{(i-1)}) \log p(y|x_i; \theta) \\ &= Q(\theta, \theta^{(i-1)}) - V(\theta, \theta^{(i-1)}) \end{aligned} \tag{7.1.4}$$

这里 $Q(\theta, \theta^{(i-1)})$ 的定义与 EM 算法式 (7.1.1) 的定义一致. EM 算法通过关于 θ 最大化 $Q(\theta, \theta^{(i-1)})$ 得到 $\theta^{(i)}$, 也就是 $\theta^{(i)} = \arg\max_\theta Q(\theta, \theta^{(i-1)})$. 因此 $Q(\theta^{(i)}, \theta^{(i-1)}) \geqslant Q(\theta^{(i-1)}, \theta^{(i-1)})$, 对于任意的 θ, 有

$$\begin{aligned} V(\theta, \theta^{(i-1)}) - V(\theta^{(i-1)}, \theta^{(i-1)}) &= \sum_{i=1}^{n} \sum_{y} p(y|x_i; \theta^{(i-1)}) \log \frac{p(y|x_i; \theta)}{p(y|x_i; \theta^{(i-1)})} \\ &\leqslant \sum_{i=1}^{n} \log \left\{ \sum_{y} p(y|x_i; \theta^{(i-1)}) \frac{p(y|x_i; \theta)}{p(y|x_i; \theta^{(i-1)})} \right\} \\ &= 0 \end{aligned}$$

其中第一个不等式的根据是 Jensen 不等式. 从而

$$\begin{aligned} L(\theta^{(i)}) &= Q(\theta^{(i)}, \theta^{(i-1)}) - V(\theta^{(i)}, \theta^{(i-1)}) \\ &\geqslant Q(\theta^{(i-1)}, \theta^{(i-1)}) - V(\theta^{(i-1)}, \theta^{(i-1)}) = L(\theta^{(i-1)}) \end{aligned}$$

说明 EM 算法得到的迭代估计满足使得对数似然函数的值一直增大.

7.2 几个特殊分布参数的 EM 算法

7.2.1 两枚硬币出现正面概率的 EM 算法

假设有 A, B 两枚硬币, 其中正面朝上的概率分别为 $p_{\rm A}, p_{\rm B}$, 这两个参数是感兴趣的待估参数. 设计 6 组实验, 每次实验投掷 5 次硬币, 第 i 组实验结果为 $X_i = (x_{i1}, x_{i2}, x_{i3}, x_{i4}, x_{i5})$ $(i = 1, 2, \cdots, 6)$, $x_{ij} = 1$ 表示硬币出现正面, $x_{ij} = 0$ 表示硬币出现反面.

如果知道每一组实验结果 X_i 是 A 硬币投的结果还是 B 硬币投的结果, 也就是观测到 Y_i, $Y_i = 1$ 表示 A 硬币投的结果, $Y_i = 0$ 表示 B 硬币投的结果. 基于完整数据 $Z_i = (X_i, Y_i)(i = 1, 2, \cdots, 6)$ 的对数似然函数为

$$l(Z;p_{\mathrm{A}},p_{\mathrm{B}},\alpha)=\sum_{k=1}^{6}[Y_k(\log(\alpha)+n_k\log p_{\mathrm{A}}+(5-n_k)\log(1-p_{\mathrm{A}})+\log C_5^{n_k})$$
$$+(1-Y_k)(\log(1-\alpha)+n_k\log p_{\mathrm{B}}+(5-n_k)\log(1-p_{\mathrm{B}})+\log C_5^{n_k}]$$

这里 $\alpha=P(Y_k=1)$, $n_k=\sum\limits_{j=1}^{5}x_{kj}$. 如果 $Y_i(i=1,2,\cdots,6)$ 可观测, 不难得到

$$\widehat{p}_{\mathrm{A}}=\frac{\sum\limits_{k=1}^{6}n_kY_k}{5\sum\limits_{k=1}^{6}Y_k},\quad \widehat{p}_{\mathrm{B}}=\frac{\sum\limits_{k=1}^{6}n_k(1-Y_k)}{5\sum\limits_{k=1}^{6}(1-Y_k)},\quad \widehat{\alpha}=\frac{\sum\limits_{k=1}^{6}Y_k}{6}$$

也就是参数 $p_{\mathrm{A}},p_{\mathrm{B}}$ 的估计, 只需分别统计 A, B 硬币投的结果出现正面的次数, 然后除以分别投的总次数.

由于 $Y=(Y_1,Y_2,\cdots,Y_6)$ 没有观测到, 基于观测数据 $X=(X_1,X_2,\cdots,X_6)$ 和 $p_{\mathrm{A}}^{(i-1)}$, $p_{\mathrm{B}}^{(i-1)},\alpha^{(i-1)}$, 条件期望为

$$Q(p_{\mathrm{A}},p_{\mathrm{B}},\alpha;p_{\mathrm{A}}^{(i-1)},p_{\mathrm{B}}^{(i-1)},\alpha^{(i-1)})=E(l(Z;p_{\mathrm{A}},p_{\mathrm{B}},\alpha)|X;p_{\mathrm{A}}^{(i-1)},p_{\mathrm{B}}^{(i-1)},\alpha^{(i-1)})$$
$$=\sum_{k=1}^{6}\{E(Y_k|X;p_{\mathrm{A}}^{(i-1)},p_{\mathrm{B}}^{(i-1)},\alpha^{(i-1)})[\log(\alpha)+n_k\log p_{\mathrm{A}}+(5-n_k)\log(1-p_{\mathrm{A}})]$$
$$+(1-E(Y_k|X;p_{\mathrm{A}}^{(i-1)},p_{\mathrm{B}}^{(i-1)},\alpha^{(i-1)}))[\log(1-\alpha)+n_k\log p_{\mathrm{B}}+(5-n_k)\log(1-p_{\mathrm{B}})]\}$$
$$+const$$

关于 $p_{\mathrm{A}},p_{\mathrm{B}},\alpha$, 极大化 $Q(p_{\mathrm{A}},p_{\mathrm{B}},\alpha;p_{\mathrm{A}}^{(i-1)},p_{\mathrm{B}}^{(i-1)},\alpha^{(i-1)})$, 可得

$$p_{\mathrm{A}}^{(i)}=\frac{\sum\limits_{k=1}^{6}n_kE(Y_k|X;p_{\mathrm{A}}^{(i-1)},p_{\mathrm{B}}^{(i-1)},\alpha^{(i-1)})}{5\sum\limits_{k=1}^{5}E(Y_k|X;p_{\mathrm{A}}^{(i-1)},p_{\mathrm{B}}^{(i-1)},\alpha^{(i-1)})}$$
$$p_{\mathrm{B}}^{(i)}=\frac{\sum\limits_{k=1}^{6}n_k(1-E(Y_k|X;p_{\mathrm{A}}^{(i-1)},p_{\mathrm{B}}^{(i-1)},\alpha^{(i-1)}))}{5\sum\limits_{k=1}^{5}(1-E(Y_k|X;p_{\mathrm{A}}^{(i-1)},p_{\mathrm{B}}^{(i-1)},\alpha^{(i-1)}))}$$
$$\alpha^{(i)}=\frac{\sum\limits_{k=1}^{6}E(Y_k|X;p_{\mathrm{A}}^{(i-1)},p_{\mathrm{B}}^{(i-1)},\alpha^{(i-1)})}{6}$$

对 $E(Y_k|X;p_{\mathrm{A}}^{(i-1)},p_{\mathrm{B}}^{(i-1)})$, 不难推得

$$E(Y_k|X;p_{\mathrm{A}}^{(i-1)},p_{\mathrm{B}}^{(i-1)},\alpha^{(i-1)})$$
$$=\frac{\alpha^{(i-1)}C_5^{n_k}(p_{\mathrm{A}}^{(i-1)})^{n_k}(1-p_{\mathrm{A}}^{(i-1)})^{5-n_k}}{\alpha^{(i-1)}C_5^{n_k}(p_{\mathrm{A}}^{(i-1)})^{n_k}(1-p_{\mathrm{A}}^{(i-1)})^{5-n_k}+(1-\alpha^{(i-1)})C_5^{n_k}(p_{\mathrm{B}}^{(i-1)})^{n_k}(1-p_{\mathrm{B}}^{(i-1)})^{5-n_k}}$$

▶ **例 7.2.1** 假设观测到的数据为 $X_1=(1,1,1,0,1)$, $X_2=(0,1,0,1,1)$, $X_3=(1,0,1,1,0)$,

$X_4 = (0,0,1,1,1)$, $X_5 = (1,0,1,0,1)$ 和 $X_6 = (1,1,0,0,0)$, 用 EM 算法估计 p_A 和 p_B.

EM 算法 R 程序如下:

```
E = function(nk, a, b, alpha){
A = (choose(5, nk)* a^nk * (1 - a)^(5 - nk))
B = (choose(5, nk)* b^nk * (1 - b)^(5 - nk))
E = alpha*A/(alpha*A +(1-alpha)*B)
return(E)
}
#观测数据
n = c(4,5,1,2,1,2)
#初值与最大循环数
max.iter = 100
pa = c()
pa[1] = 0.6
pb = c()
pb[1] = 0.4
alpha = c()
alpha[1] = 0.1
#迭代
for (i in 1:max.iter){
EY = E(n, pa[i], pb[i], alpha[i])
pa[i+1] = sum(n*EY)/(5*sum(EY))
pb[i+1] = sum(n*(1-EY))/(5*sum(1-EY))
alpha[i+1] = sum(EY)/6

if(abs(pa[i+1] - pa[i]) < 1e-8 &
abs(pb[i+1] - pb[i]) < 1e-8 &
abs(alpha[i+1] - alpha[i]) < 1e-8) break
}
```

7.2.2 多项分布参数的 EM 算法

假设 $x = (x_1, x_2, \cdots, x_m)$ 服从多项分布, 也就是

$$p(x|p_1, p_2, \cdots, p_m) = \frac{n!}{x_1! \cdots x_m!} p_1^{x_1} \cdots p_m^{x_m}$$

如果 $m = 4$, $(p_1, p_2, \cdots, p_4) = (0.5 - \theta/2, \theta/4, \theta/4, 0.5)$. 观测数据的数据为 $x = (x_1, x_2, x_{34})^T$, 这里 $x_{34} = x_3 + x_4$, 想知道参数 θ 的估计. 潜变量 x_3 没有观测到, 基于完整数据 $z = (x, y)$, 即 $(x_1, x_2, x_3, x_4)^T$, 对数极大似然函数为

$$\begin{aligned} l(z;\theta) &= \log L(z;\theta) \\ &= x_1 \log\left(\frac{1}{2} - \frac{\theta}{2}\right) + x_2 \log\left(\frac{\theta}{4}\right) + x_3 \log\left(\frac{\theta}{4}\right) + const \end{aligned}$$

基于观测到的数据和上次迭代估计 $\theta^{(i-1)}$, 计算对数似然的条件期望:

$$\begin{aligned}E(l(z;\theta)|x;\theta^{(i-1)}) &= E(\log L(z;\theta)|x,\theta^{(i-1)})\\ &= x_1\log\left(\frac{1}{2}-\frac{\theta}{2}\right)+x_2\log\left(\frac{\theta}{4}\right)+E(x_3|x,\theta^{(i-1)})\log\left(\frac{\theta}{4}\right)+const\end{aligned}$$

下面计算 $E(x_3|x,\theta^{(i-1)})$, 由于

$$E(x_3|x;\theta^{(i-1)}) = \sum_{y=0}^{x_3+x_4} y\, p(y|x;\theta^{(i-1)}) = \sum_{y=0}^{x_3+x_4} y\frac{p(x,y;\theta^{(i-1)})}{p(x;\theta^{(i-1)})} \tag{7.2.1}$$

这里

$$\begin{aligned}&p(x,y;\theta^{(i-1)}) = p(x_1,x_2,y,x_3+x_4-y)\\ &= \frac{n!}{x_1!x_2!y!(x_3+x_4-y)!}\left(\frac{1}{2}-\frac{\theta^{(i-1)}}{2}\right)^{x_1}\left(\frac{\theta^{(i-1)}}{4}\right)^{x_2}\left(\frac{\theta^{(i-1)}}{4}\right)^{y}\left(\frac{1}{2}\right)^{x_3+x_4-y}\\ &p(x;\theta^{(i-1)}) = p(x_1,x_2,x_3+x_4)\\ &= \frac{n!}{x_1!x_2!(x_3+x_4)!}\left(\frac{1}{2}-\frac{\theta^{(i-1)}}{2}\right)^{x_1}\left(\frac{\theta^{(i-1)}}{4}\right)^{x_2}\left(\frac{\theta^{(i-1)}}{4}+\frac{1}{2}\right)^{x_3+x_4}\end{aligned}$$

基于 $p(x,y;\theta^{(i-1)})$ 和 $p(x;\theta^{(i-1)})$ 的表达式, 可得

$$\frac{p(x,y;\theta^{(i-1)})}{p(x;\theta^{(i-1)})} = \frac{(x_3+x_4)!}{y!(x_3+x_4-y)!}\left(\frac{\theta^{(i-1)}}{4}\right)^{y}\left(\frac{1}{2}\right)^{x_3+x_4-y}\Big/\left(\frac{\theta^{(i-1)}}{4}+\frac{1}{2}\right)^{x_3+x_4}$$

以及

$$\begin{aligned}E(x_3|x;\theta^{(i-1)}) &= \sum_{y=0}^{x_3+x_4} y\frac{(x_3+x_4)!}{y!(x_3+x_4-y)!}\left(\frac{\theta^{(i-1)}}{4}\right)^{y}\left(\frac{1}{2}\right)^{x_3+x_4-y}\Big/\left(\frac{\theta^{(i-1)}}{4}+\frac{1}{2}\right)^{x_3+x_4}\\ &= (x_3+x_4)\frac{\theta^{(i-1)}}{4}\Big/\left(\frac{\theta^{(i-1)}}{4}+\frac{1}{2}\right) = (x_3+x_4)\frac{\theta^{(i-1)}}{\theta^{(i-1)}+2}\end{aligned}$$

式 (7.2.1) 关于对数似然的条件期望进一步写为

$$\begin{aligned}Q(\theta,\theta^{(i-1)}) &= E(l(z;\theta)|x;\theta^{(i-1)})\\ &= x_1\log\left(\frac{1}{2}-\frac{\theta}{2}\right)+x_2\log\left(\frac{\theta}{4}\right)+(x_3+x_4)\frac{\theta^{(i-1)}}{\theta^{(i-1)}+2}\log\left(\frac{\theta}{4}\right)+const\end{aligned}$$

关于 θ 极大化 $Q(\theta,\theta^{(i-1)})$ 得到下次迭代 $\theta^{(i)}$, 对 $Q(\theta,\theta^{(i-1)})$ 关于 θ 求导可得

$$\begin{aligned}Q'(\theta,\theta^{(i-1)}) &= -\frac{x_1}{1-\theta}+\frac{x_2}{\theta}+\frac{E(x_3|x;\theta^{(i-1)})}{\theta}\\ &= -\frac{x_1}{1-\theta}+\frac{x_2}{\theta}+\frac{x_3+x_4}{\theta}\,\frac{\theta^{(i-1)}}{\theta^{(i-1)}+2} = 0\end{aligned}$$

因此

$$\widehat{\theta} = \frac{x_2+E(x_3|x;\theta^{(i-1)})}{x_1+x_2+E(x_3|x;\theta^{(i-1)})}$$

通过不断迭代, 最终得到 θ 的估计. 如果数据完全观测到, 也就是 x_3 被观测, 则参数 θ 的极大似然估计为

$$\widehat{\theta} = \frac{x_2 + x_3}{x_1 + x_2 + x_3}$$

对比完全数据的极大似然估计 $\widehat{\theta}$ 和 EM 算法第 i 次迭代估计 $\theta^{(i)}$, EM 算法本质上相当于把基于完整数据得到的极大似然估计量中没有观测到的数据, 采用观测到的数据和上次迭代估计 $\theta^{(i-1)}$ 预测.

▶ **例 7.2.2** 如果观测到的数据为

$$x_{obs} = (x_1, x_2, x_3 + x_4)^T = (55, 18, 127)^T$$

通过 EM 算法给出 θ 的估计. 具体算法如下:

```
#观测数据
x1 = 55
x2 = 18
x34 = 127
#初值与最大循环数
max.iter = 100
htheta = NULL
htheta[1] = 0
#迭代
for (i in 1:max.iter){
hx3 = 0.25*x34*htheta[i]/(0.25*htheta[i] + 0.5)
htheta[i+1] = (x2 + hx3)/(x1 + x2 + hx3)
if (abs(htheta[i+1] - htheta[i]) < 1e-8)
    break
}
```

7.2.3 正态分布参数 EM 估计

对来自正态总体 $N(\mu, \sigma^2)$ 的完整数据 $z = (x_1, x_2, \cdots, x_n)^T$, 假设观测到的数据为 $x = (x_1, x_2, \cdots, x_m)$, 隐含数据为 $y = (x_{m+1}, \cdots, x_n)$. 则基于完整数据 z 的极大似然函数为

$$L(z; \mu, \sigma^2) = \left(\frac{1}{2\pi\sigma^2}\right)^{n/2} \exp\left[-\sum_{j=1}^{n} \frac{(x_j - \mu)^2}{2\sigma^2}\right]$$

相应的对数极大似然函数为

$$\begin{aligned} l(z; \mu, \sigma^2) &= \log L(x; \mu, \sigma^2) \\ &= -\frac{n}{2}\log\sigma^2 - \frac{n}{2}\log 2\pi - \frac{1}{2\sigma^2}\sum_{j=1}^{n} x_j^2 + \frac{\mu}{\sigma^2}\sum_{j=1}^{n} x_j - \frac{n\mu^2}{2\sigma^2} \end{aligned}$$

基于观测数据的条件对数似然函数为

$$
\begin{aligned}
&Q(\mu,\sigma^2;\mu^{(i-1)},\sigma^{2(i-1)})=E(l(z;\mu,\sigma^2)|x;\mu^{(i-1)},\sigma^{2(i-1)})\\
&=-\frac{n}{2}\log\sigma^2-\frac{n}{2}\log 2\pi-\frac{1}{2\sigma^2}\sum_{j=1}^{m}x_j^2+\frac{\mu}{\sigma^2}\sum_{j=1}^{m}x_j-\frac{n\mu^2}{2\sigma^2}\\
&\quad-\frac{1}{2\sigma^2}E\left(\sum_{j=m+1}^{n}x_j^2|x;\mu^{(i-1)},\sigma^{2(i-1)}\right)+\frac{\mu}{\sigma^2}E\left(\sum_{j=m+1}^{n}x_j|x;\mu^{(i-1)},\sigma^{2(i-1)}\right)
\end{aligned}
$$

对 $Q(\mu,\sigma^2;\mu^{(i-1)},\sigma^{2(i-1)})$ 关于 μ,σ^2 求导, 可得

$$
\begin{aligned}
\frac{\partial Q(\mu,\sigma^2;\mu^{(i-1)},\sigma^{2(i-1)})}{\partial\mu}&=\frac{1}{\sigma^2}\sum_{j=1}^{m}x_j+\frac{1}{\sigma^2}E\left(\sum_{j=m+1}^{n}x_j|x;\mu^{(i-1)},\sigma^{2(i-1)}\right)-\frac{n\mu}{\sigma^2}=0\\
\frac{\partial Q(\mu,\sigma^2;\mu^{(i-1)},\sigma^{2(i-1)})}{\partial\sigma^2}&=-\frac{n}{2\sigma^2}+\frac{1}{2\sigma^4}\sum_{j=1}^{m}x_j^2-\frac{\mu}{\sigma^4}\sum_{j=1}^{m}x_j+\frac{n\mu^2}{2\sigma^4}\\
&\quad+\frac{1}{2\sigma^4}E\left(\sum_{j=m+1}^{n}x_j^2|x;\mu^{(i-1)},\sigma^{2(i-1)}\right)\\
&\quad-\frac{\mu}{\sigma^4}E\left(\sum_{j=m+1}^{n}x_j|x;\mu^{(i-1)},\sigma^{2(i-1)}\right)=0
\end{aligned}
$$

所以第 i 次迭代估计 $\theta^{(i)}$ 为

$$
\mu^{(i)}=\tfrac{1}{n}\left(\sum_{j=1}^{m}x_j+E(\sum_{j=m+1}^{n}x_j|x;\mu^{(i-1)},\sigma^{2(i-1)})\right)
$$

$$
\sigma^{2(i)}=\tfrac{1}{n}\left(\sum_{j=1}^{m}x_j^2+E\left(\sum_{j=m+1}^{n}x_j^2|x;\mu^{(i-1)},\sigma^{2(i-1)}\right)\right)-(\mu^{(i)})^2
$$

给定第 $i-1$ 步的 $(\mu^{(i-1)},\sigma^{2(i-1)})$, 且未观测到的隐含数据和观测到的数据独立, 则

$$
E\left(\sum_{j=m+1}^{n}x_j|x;\mu^{(i-1)},\sigma^{2(i-1)})\right)=(n-m)\widehat{\mu}^{(i-1)}
$$

$$
E\left(\sum_{j=m+1}^{n}x_j^2|x;\mu^{(i-1)},\sigma^{2(i-1)})\right)=(n-m)(\widehat{\mu}^{(i-1)2}+\sigma^{2(i-1)})
$$

如果未观测到的隐含数据和观测到的数据相关, 则要根据变量之间的相关性计算 $E\left(\sum_{j=m+1}^{n}x_j|x;\mu^{(i-1)},\sigma^{2(i-1)})\right)$ 和 $E\left(\sum_{j=m+1}^{n}x_j^2|x;\mu^{(i-1)},\sigma^{2(i-1)})\right)$.

▶ **例 7.2.3** 设 $z=(x_1,x_2,\cdots,x_{1000})^T$ 来自正态总体 $N(2,4)$, 其中观测到的数据为 $x=(x_1,x_2,\cdots,x_{600})$, 未观测到的数据为 $y=(x_{601},\cdots,x_{1000})$, 通过 EM 算法给出参数 μ,σ^2 的估计.

具体 R 程序如下:

```
set.seed(1)
#生成数据
n = 1000
m = 600
x = rnorm(n, mean = 2, sd = 2)
sx = sum(x[1:m])
sx2 = sum(x[1:m]^2)
#初值与最大循环数
max.iter = 100
hmu = rep(0, max.iter)
hsigma2 = rep(0, max.iter)
hmu[1] = 0
hsigma2[1] = 1
#迭代
for (i in 1:max.iter){
s1 = sx + (n - m)*hmu[i]
s2 = sx2 + (n - m)*(hmu[i]^2 + hsigma2[i])
hmu[i+1] = s1/n
hsigma2[i+1] = s2/n - hmu[i+1]^2
if(abs(hmu[i+1] - hmu[i]) < 1e-8
& abs(hsigma2[i+1] - hsigma2[i]) < 1e-8) break
}
```

7.2.4 二项泊松混合模型的 EM 估计

我们观测 n 名妇女的孩子数, 有 $i(i=0,1,\cdots,6)$ 个孩子的妇女为 n_i 人, 则 $n=\sum\limits_{i=0}^{6}n_i$. 观测数据如下所示.

孩子人数	0	1	2	3	4	5	6
妇女人数	n_0	n_1	n_2	n_3	n_4	n_5	n_6

假定已婚妇女生孩子的个数服从参数为 λ 的泊松分布, 想知道参数 λ 和没有结婚妇女的概率 ξ. 令 n_A 表示没有结婚的妇女的人数, 则 $n_B=n_0-n_A$ 表示已婚妇女没有生孩子的人数. 观测数据为 $x=(n_0,n_1,\cdots,n_6)$, 如果隐含数据 $y=n_A$ 能观测到, 则很容易得到参数 (ξ,λ) 的极大似然估计. 以下根据 EM 算法估计 (ξ,λ), 基于完全数据 $z=(x,y)$ 的似然函数为

$$L(z;\xi,\lambda)=\frac{(n_A+n_B+n_1+\cdots+n_6)!}{n_A!n_B!n_1!\cdots n_6!}\xi^{n_A}[e^{-\lambda}(1-\xi)]^{n_B}\Pi_{k=1}^{6}\left[\frac{\lambda^k e^{-\lambda}}{k!}(1-\xi)\right]^{n_k}$$

对数似然函数为

$$
\begin{aligned}
l(z;\xi,\lambda) = & n_A \log \xi - n_B\lambda + n_B \log(1-\xi) \\
& + \sum_{k=1}^{6} n_k[-\lambda + k\log\lambda + \log(1-\xi)] + cost
\end{aligned}
$$

基于观测数据 x 和上次迭代估计 $\xi^{(i-1)}, \lambda^{(i-1)}$, 对数似然函数的条件期望为

$$
\begin{aligned}
Q(\xi,\lambda;\xi^{(i-1)},\lambda^{(i-1)}) &= E(l(z;\xi,\lambda)|x;\xi^{(i-1)},\lambda^{(i-1)}) \\
&= E(n_A|x;\xi^{(i-1)},\lambda^{(i-1)})\log\xi - E(n_B|x;\xi^{(i-1)},\lambda^{(i-1)})\lambda \\
&+ E(n_B|x;\xi^{(i-1)},\lambda^{(i-1)})\log(1-\xi) \\
&+ \sum_{x=1}^{6} n_k[-\lambda + k\log\lambda + \log(1-\xi)] + cost
\end{aligned}
$$

对 $Q(\xi,\lambda;\xi^{(i-1)},\lambda^{(i-1)})$ 关于 ξ,λ 求导, 可得

$$
\begin{aligned}
\frac{\partial Q(\xi,\lambda;\xi^{(i-1)},\lambda^{(i-1)})}{\partial\xi} &= \frac{E(n_A|x;\xi^{(i-1)},\lambda^{(i-1)})}{\xi} \\
&\quad - \frac{E(n_B|x;\xi^{(i-1)},\lambda^{(i-1)}) + n_1 + \cdots + n_6}{1-\xi} = 0 \\
\frac{\partial Q(\xi,\lambda;\xi^{(i-1)},\lambda^{(i-1)})}{\partial\lambda} &= -(E(n_B|x;\xi^{(i-1)},\lambda^{(i-1)}) + n_1 + \cdots + n_6) + \frac{1}{\lambda}\sum_{k=1}^{6} kn_k \\
&= 0
\end{aligned}
$$

根据上式不难得出第 i 次迭代结果

$$
\xi^{(i)} = \frac{E(n_A|x;\xi^{(i-1)},\lambda^{(i-1)})}{n}, \quad \lambda^{(i)} = \frac{\sum\limits_{k=1}^{6} kn_k}{n - E(n_A|x;\xi^{(i-1)},\lambda^{(i-1)})}
$$

对于上式 $E(n_A|x;\xi^{(i-1)},\lambda^{(i-1)})$, 通过推导, 进一步化简得

$$
E(n_A|x;\xi^{(i-1)},\lambda^{(i-1)}) = \frac{n_0\xi^{(i-1)}}{\xi^{(i-1)} + (1-\xi^{(i-1)})e^{-\lambda^{(i-1)}}}
$$

按照上述算法反复迭代, 得到参数 ξ,λ 的 EM 估计.

▶ **例 7.2.4** 假设观测到如下数据, 基于本节二项泊松混合模型, 给出参数 ξ 和 λ 的 EM 估计.

孩子人数	0	1	2	3	4	5	6
妇女人数	3 062	587	284	103	33	4	2

R 程序如下:

```
n0 = 3062
n1 = 587;
n2 = 284;
n3 = 103;
```

```
n4 = 33;
n5 = 4;
n6 = 2
N = n0 + n1 + n2 + n3 + n4 + n5 + n6
n = c(n0,n1,n2,n3,n4,n5,n6)
sx = sum(c(0:6)*n)
#初值与最大循环数
max.iter = 100
hxi = c()
hlambda = c()
hxi[1] = 0.5
hlambda[1] = 1
#迭代
for (i in 1:max.iter){
na = n0*hxi[i]/(hxi[i] + (1 - hxi[i])*exp(-hlambda[i]))
hxi[i+1] = na/N
hlambda[i+1] = sx/(N - na)
if(abs(hxi[i+1] - hxi[i]) < 1e-8
& abs(hlambda[i+1] - hlambda[i]) < 1e-8)
    break
}
```

7.3 混合模型的 EM 算法

7.3.1 一般混合模型的 EM 算法

如果一个数据集是由 M 个不同总体组成, 密度函数具有如下混合密度形式:

$$p(x;\theta)=\sum_{j=1}^{M}\alpha_j p_j(x;\theta_j)$$

其中, $\sum\limits_{j=1}^{M}\alpha_j=1$, $\theta=(\alpha_1,\alpha_2,\dots,\alpha_M,\theta_1,\theta_2,\dots,\theta_M)$.

假定观测到的数据为 $X=\{x_1,x_2,\cdots,x_N\}$, 未观测到的数据为 $Y=\{y_1,y_2,\cdots,y_N\}$, 其中 $y_i\in\{1,2,\cdots,M\}$ 代表数据的来源, 也就是

$$p(x\mid y=j;\theta)=p_j(x;\theta_j),\quad p(y=j)=\alpha_j$$

想知道的参数为 θ, 记 $z_i=(x_i,y_i)$, 基于完全数据 $Z=\{z_1,z_2,\cdots,z_N\}$ 的对数似然函数为

$$l(Z;\theta)=\log L(Z;\theta)=\sum_{k=1}^{N}\log p(x_k,y_k;\theta)=\sum_{k=1}^{N}\log\left(\alpha_{y_k}p_{y_k}(x_k;\theta_{y_k})\right)$$

基于观测数据 Z 和第 $i-1$ 次迭代估计 $\theta^{(i-1)}$, 可得对数似然函数的条件均值为

$$Q(\theta;\theta^{(i-1)})=E(l(Z;\theta)|X;\theta^{(i-1)})=\sum_{k=1}^{N}E(\log(\alpha_{y_k}p_{y_k}(x_k;\theta_{y_k}))|X;\theta^{(i-1)})$$

根据条件期望的定义可得

$$Q(\theta;\theta^{(i-1)})=\sum_{y}(l(X,y;\theta)p(y|X;\theta^{(i-1)}))$$

基于 $p(Y|X;\theta^{(i-1)})=\prod_{j=1}^{N}p(y_j\mid x_j;\theta^{(i-1)})$, 可得

$$\begin{aligned}Q(\theta;\theta^{(i-1)})&=\sum_{y}\sum_{k=1}^{N}\log[\alpha_{y_k}p_{y_k}(x_k;\theta_{y_k})]\prod_{j=1}^{N}p(y_j\mid x_j;\theta^{(i-1)})\\&=\sum_{y_1=1}^{M}\sum_{y_2=1}^{M}\cdots\sum_{y_N=1}^{M}\sum_{k=1}^{N}\log[\alpha_{y_k}p_{y_k}(x_k;\theta_{y_k})]\prod_{j=1}^{N}p(y_j\mid x_j;\theta^{(i-1)})\end{aligned}$$

通过求和换序, 得

$$\begin{aligned}Q(\theta;\theta^{(i-1)})=&\sum_{k=1}^{N}\left[\left(\sum_{y_1=1}^{M}\cdots\sum_{y_{k-1}=1}^{M}\sum_{y_{k+1}=1}^{M}\cdots\sum_{y_N=1}^{M}\prod_{j=1,j\neq k}^{N}p(y_j\mid x_j;\theta^{(i-1)})\right)\right.\\&\left.\times\sum_{y_k=1}^{M}\log\left[\alpha_{y_k}p_{y_k}\left(x_k;\theta_{y_k}\right)\right]p(y_k\mid x_k;\theta^{(i-1)})\right]\\=&\sum_{k=1}^{N}\sum_{y_k=1}^{M}\left[\left(\sum_{y_1=1}^{M}\cdots\sum_{y_{k-1}=1}^{M}\sum_{y_{k+1}=1}^{M}\cdots\sum_{y_N=1}^{M}\prod_{j=1,j\neq k}^{N}p(y_j\mid x_j;\theta^{(i-1)})\right)\right.\\&\left.\times\log\left(\alpha_{y_k}p_{y_k}\left(x_k;\theta_{y_k}\right)\right)p(y_k\mid x_k;\theta^{(i-1)})\right]\end{aligned}$$

令 $y_k=l$, 进一步推导可得

$$\begin{aligned}Q(\theta;\theta^{(i-1)})&=\sum_{k=1}^{N}\sum_{l=1}^{M}\prod_{\substack{j=1\\j\neq k}}^{N}\left(\sum_{y_j=1}^{M}p(y_j\mid x_j;\theta^{(i-1)})\right)\log\left(\alpha_l p_l\left(x_k;\theta_l\right)\right)p(l\mid x_k;\theta^{(i-1)})\\&=\sum_{l=1}^{M}\sum_{k=1}^{N}\log\left(\alpha_l p_l(x_k;\theta_l)\right)\prod_{\substack{j=1\\j\neq k}}^{N}\left(\sum_{y_j=1}^{M}p(y_j\mid x_j;\theta^{(i-1)})\right)p(l\mid x_k;\theta^{(i-1)})\end{aligned}$$

注意到 $\sum_{y_j=1}^{M}p(y_j|x_j;\theta^{(i-1)})=1$, 可得

$$Q(\theta;\theta^{(i-1)})=\sum_{l=1}^{M}\sum_{k=1}^{N}\log\left(\alpha_l p_l(x_k;\theta_l)\right)p(l\mid x_k;\theta^{(i-1)}) \tag{7.3.1}$$

接下来计算 EM 算法的 M 步, 关于 θ 极大化 $Q(\theta;\theta^{(i-1)})$, 基于 $\sum_{l=1}^{M}\alpha_l=1$ 的限制, 引入拉格朗日乘子 λ, 求解如下方程:

$$\frac{\partial}{\partial \alpha_l}\left[Q(\theta;\theta^{(i-1)})+\lambda\left(\sum_{l=1}^{M}\alpha_l-1\right)\right]=0,\quad l=1,2,\cdots,M$$

可得

$$\sum_{k=1}^{N}\frac{1}{\alpha_l}p(l\mid x_k;\theta^{(i-1)})+\lambda=0,\quad l=1,2,\cdots,M$$

$$\sum_{k=1}^{N}p(l\mid x_k;\theta^{(i-1)})+\alpha_l\lambda=0,\quad l=1,2,\cdots,M$$

因此 $\sum_{l=1}^{M}\sum_{k=1}^{N}p(l\mid x_k;\theta^{(i-1)})+\lambda\sum_{l=1}^{M}\alpha_l=0\Rightarrow\lambda=-N$. 参数 α_l 的第 i 次迭代估计为

$$\alpha_l^{(i)}=\frac{1}{N}\sum_{k=1}^{N}p(l\mid x_k;\theta^{(i-1)}),\quad l=1,2,\cdots,M$$

这里

$$p(l\mid x_i;\theta^{(i-1)})=\frac{\alpha_l^{(i-1)}p_l(x_i;\theta_l^{(i-1)})}{\sum\limits_{j=1}^{M}\alpha_j^{(i-1)}p_j(x;\theta_j^{(i-1)})}$$

式 (7.3.1) 中, $Q(\theta;\theta^{(i-1)})$ 关于 θ_j 求导得到 θ_j 的第 i 次迭代 $\theta_j^{(i)}$, 由于依赖于密度函数的具体形式, 这里就不展开讨论.

7.3.2 高斯混合模型的 EM 算法

本小节主要考虑 d 维高斯混合模型的 EM 估计. 对于 d 维均值为 μ_j, 方差为 Σ_j 的正态分布, 设密度函数为

$$p_j\left(x;\mu_j,\Sigma_j\right)=\frac{1}{(2\pi)^{d/2}\left|\Sigma_j\right|^{1/2}}\exp\left[-\frac{1}{2}\left(x-\mu_j\right)^T\Sigma_j^{-1}\left(x-\mu_j\right)\right]$$

则 M 个来源的高斯混合数据的密度函数为

$$p\left(x;\mu_1,\Sigma_1,\cdots,\mu_M,\Sigma_M\right)=\sum_{l=1}^{M}\alpha_l p_l\left(x;\mu_l,\Sigma_l\right),\quad \alpha_j\geqslant 0,\quad \sum\alpha_j=1$$

令 $\theta_j=(\mu_j,\Sigma_j)$, $\theta=(\alpha_1,\alpha_2,\cdots,\alpha_M,\theta_1,\theta_2,\cdots,\theta_M)$. 上式密度函数可写为

$$p(x;\theta)=\sum_{l=1}^{M}\alpha_l p_l\left(x;\theta_l\right)$$

假定观测到的数据为 $X=\{x_1,x_2,\cdots,x_N\}$, 未观测到的数据为 $Y=\{y_1,y_2,\cdots,y_N\}$, 其中 $y_i\in\{1,2,\cdots,M\}$ 代表数据的来源. 感兴趣的参数为 θ, 通过 7.3.1 小节可知, 对于给定第 $i-1$ 次迭代 $\theta^{(i-1)}$, 只需对下式关于 θ 求最大:

$$Q(\theta;\theta^{(i-1)})=\sum_{l=1}^{M}\sum_{k=1}^{N}\log\left(\alpha_l p_l(x_k;\theta_l)\right)p(l\mid x_k;\theta^{(i-1)})$$

$$= \sum_{l=1}^{M}\sum_{k=1}^{N}\log \alpha_l p(l \mid x_k;\theta^{(i-1)}) + \sum_{l=1}^{M}\sum_{k=1}^{N}\log p_l(x_k;\theta_l)p(l \mid x_k;\theta^{(i-1)}) \tag{7.3.2}$$

在 7.3.1 小节已经得到 α_l 的第 i 次迭代 $\alpha_l^{(i-1)}$. 接下来只考虑 $Q(\theta;\theta^{(i-1)})$ 关于 $\theta_l = (\mu_l, \Sigma_l)$ 的导数. 注意到式 (7.3.2) 只有第二项与 θ_l 有关, 也就是

$$\begin{aligned}
&\sum_{l=1}^{M}\sum_{k=1}^{N}\log p_l(x_k;\theta_l)p(l \mid x_k;\theta^{(i-1)}) \\
&= \sum_{l=1}^{M}\sum_{k=1}^{N}\left[-\frac{n}{2}\log 2\pi - \frac{1}{2}\log|\Sigma_l| - \frac{1}{2}(x_k-\mu_l)^T\Sigma_l^{-1}(x_k-\mu_l)\right]p(l \mid x_k,\theta^{(i-1)})
\end{aligned}$$

通过推导可得

$$\frac{\partial Q(\theta;\theta^{(i-1)})}{\partial \mu_l} = \sum_{k=1}^{N}(\Sigma_l^{-1}x_k - \Sigma_l^{-1}\mu_l)p(l \mid x_k,\theta^{(i-1)}) = 0$$

基于上式, 可得 $\mu^{(i)}$:

$$\mu^{(i)} = \frac{\sum\limits_{k=1}^{N} x_k p(l \mid x_k,\theta^{(i-1)})}{\sum\limits_{k=1}^{N} p(l \mid x_k,\theta^{(i-1)})}$$

注意到 $-0.5\log|\Sigma_l| = 0.5\log|\Sigma_l|^{-1} = 0.5\log|\Sigma_l^{-1}|$, 以及对称阵 $A_l = (a_{l,st})$, 令 $A_l^{-1} = (\sigma_{l,st})$, 则

$$\frac{\partial \log|A_l|}{\partial a_{st}} = \begin{cases} 2\sigma_{l,st} & \text{如果} \quad s \neq t \\ \sigma_{l,st} & \text{如果} \quad s = t \end{cases}$$

通过推导可得

$$\sigma_l^{2(i)} = \frac{\sum\limits_{k=1}^{N}(x_k - \mu_l^{(i)})(x_k - \mu_l^{(i)})^T p(l \mid x_k,\theta^{(i-1)})}{\sum\limits_{k=1}^{N} p(l \mid x_k,\theta^{(i-1)})}$$

综合以上结果, 给定第 $i-1$ 步的估计 $\theta^{(i-1)}$, 下一步的 $\theta^{(i)}$ 为

$$\alpha_l^{(i)} = \frac{1}{N}\sum_{k=1}^{N} p\left(l \mid x_k;\theta^{(i-1)}\right)$$

$$\mu_l^{(i)} = \frac{\sum\limits_{k=1}^{N} x_k p(l \mid x_k,\theta^{(i-1)})}{\sum\limits_{k=1}^{N} p(l \mid x_k,\theta^{(i-1)})}$$

$$\sigma_l^{2(i)} = \frac{\sum_{k=1}^{N}(x_k - \mu_l^{(i)})(x_k - \mu_l^{(i)})^T p(l \mid x_k, \theta^{(i-1)})}{\sum_{k=1}^{N} p(l \mid x_k, \theta^{(i-1)})}$$

这里

$$p(l \mid x_i; \theta^{(i-1)}) = \frac{\alpha_l^{(i-1)} p_l(x_i; \theta_l^{(i-1)})}{\sum_{j=1}^{M} \alpha_j^{(i-1)} p_j(x; \theta_j^{(i-1)})}$$

▶ **例 7.3.1** 假定 x 服从如下混合分布

$$p(x;\theta) = \sum_{j=1}^{2} \alpha_j p_j(x; \mu_j, \sigma_j)$$

这里 $\alpha_1 = 0.3, \alpha_2 = 0.7, \mu_1 = 1, \sigma_1^2 = 3, \mu_2 = 10, \sigma_2^2 = 1$, 并且

$$p_j(x|\mu_j, \sigma_j) = \frac{1}{\sqrt{2\pi}\sigma_j} \exp\left[-\frac{(x-\mu_j)^2}{2\sigma_j^2}\right]$$

假设观测到的数据为 $X = (x_1, x_2, \cdots, x_N)$, 给出参数 $\theta = (\alpha_1, \alpha_2, \mu_1, \sigma_1^2, \mu_2, \sigma_2^2)$ 的 EM 估计.

EM 算法 R 程序如下:

```
set.seed(1)
N = 1000
#生成样本
A = rbinom(N, 1, 0.7)
X = rnorm(N, 1, sqrt(3))*(A == 0)+rnorm(N, 10, 1)*(A == 1)

#初值与最大循环数
max.iter = 100
a1 = c(); a2 = c()
mu1 = c(); mu2 = c()
sig1 = c(); sig2 = c()

a1[1] = 0.4; a2[1] = 0.6
mu1[1] = 2; mu2[1] = 5
sig1[1] = 4; sig2[1] = 2
#迭代
for (i in 1:max.iter){
  p1 = dnorm(X, mu1[i], sqrt(sig1[i]))
  p2 = dnorm(X, mu2[i], sqrt(sig2[i]))
  d1 = a1[i]*p1/(a1[i]*p1 + a2[i]*p2)
  d2 = a2[i]*p2/(a1[i]*p1 + a2[i]*p2)
```

```
    a1[i+1] = mean(d1)
    a2[i+1] = mean(d2)
    mu1[i+1] = sum(X*d1)/sum(d1)
    mu2[i+1] = sum(X*d2)/sum(d2)
    sig1[i+1] = sum((X-mu1[i+1])^2 * d1)/sum(d1)
    sig2[i+1] = sum((X-mu2[i+1])^2 * d2)/sum(d2)
    if ((abs(mu1[i+1] - mu1[i]) < 1e-8)
    &(abs(sig1[i+1] - sig1[i]) < 1e-8))
  break
}
```

习题

7.1 考虑医学数据中常见的删失数据. 设有独立同分布于 $N(\mu,1)$ 的样本 $X_1,X_2,\cdots,X_n$. 假设 X_i 的负值被截掉了, 即我们实际仅观测到

$$Y_i=\max(0,X_i),\quad i\in\{1,2,\cdots,n\}$$

经过重排, 假定 $Y_1,Y_2,\cdots,Y_m>0$ 并且 $Y_{m+1}=\cdots=Y_n=0$. 请使用 EM 算法根据样本 $Y_1,Y_2,\cdots,Y_n$ 估计参数 μ.

7.2 假设灯泡的寿命服从均值为 θ 的指数分布. 总计 $M+N$ 个灯泡在两个独立的实验中进行测试. 第一个实验中, N 个灯泡的准确寿命 $y_1,y_2,\ldots,y_N$ 被记录下来. 然而在第二个实验中, 实验者在实验的某个时刻 t 进入了实验室, 因而仅仅记录下 M 个灯泡中哪些还亮着, 哪些已经熄灭了, 即观测到 $E_1,E_2,\ldots,E_M$, 其中

$$E_i=\begin{cases}1, & \text{如果灯泡 } i \text{ 还亮着}\\ 0, & \text{如果灯泡已经熄灭}\end{cases}$$

请使用 EM 算法根据样本 $(y_1,y_2,\ldots,y_N,E_1,E_2,\ldots,E_M)$ 估计灯泡的平均寿命 θ.

7.3 我们在 7.3.2 小节学习了混合高斯模型的 EM 算法, 在本题中试对来自混合指数分布族的数据设计 EM 算法. 通常, 如果 Y 的密度函数为

$$f(y;\theta)=\sum_{j=1}^{m}p_j\exp\left(y\theta_j-\kappa_j\left(\theta_j\right)+c_j(y)\right)$$

我们称 Y 来自混合指数分布族. 给定上一步的迭代 θ_*, 试证明对应的 $Q\left(\theta,\theta_*\right)$ 为

$$Q\left(\theta,\theta_*\right)=\sum_{j=1}^{m}\sum_{i=1}^{n}w_j\left(\theta_*,Y_i\right)\left(Y_i\theta_j-\kappa_j\left(\theta_j\right)+c_j\left(Y_i\right)+\log p_j\right)$$

其中:

$$w_j\left(\theta_*,Y_i\right)=\frac{p_j^*\exp\left(Y_i\theta_j^*-\kappa_j\left(\theta_j^*\right)+c_j\left(Y_i\right)\right)}{\displaystyle\sum_{k=1}^{m}p_k^*\exp\left(Y_i\theta_k^*-\kappa_k\left(\theta_k^*\right)+c_k\left(Y_i\right)\right)}$$

满足约束条件 $\sum_{j=1}^{m} p_j = 1$. 因而对于 $1 \leqslant j \leqslant m$, 第 i 次迭代为

$$\widehat{\theta}_j = \mu_j^{-1}\left(\frac{\sum_{i=1}^{n} w_j(\theta_*, Y_i)\, Y_i}{\sum_{i=1}^{n} w_j(\theta_*, Y_i)}\right)$$

其中 $\mu_j = \kappa_j'$, 并且

$$\widehat{p}_j = \frac{\sum_{i=1}^{n} w_j(\theta_*, Y_i)}{n}$$

7.4 对奶牛进行人工授精的研究中, 我们测试了来自 6 头随机选择的公牛的精液样本的受孕能力. 测试的样本数量因公牛而异, 响应变量是从每个样本中获得的受孕百分比. 这里的兴趣在于精液效力的可变性, 它被假定为随机效应. 公牛精液数据如下:

公牛精液数据

公牛 (i)	受孕百分比 (%)	n_i
1	46, 31, 37, 62, 30	5
2	70,59	2
3	52, 44, 57, 40, 67, 64, 70	7
4	47, 21, 70, 46, 14	5
5	42, 64, 50, 69, 77, 81, 87	7
6	35, 68, 59, 38, 57, 76, 57, 29, 60	9
总计		35

实际中常用如下模型分析此类数据

$$y_{ij} = a_i + \epsilon_{ij}, \quad j = 1, 2, \cdots, n_i, \quad i = 1, 2, \cdots, k$$

式中, i 为第 i 头公牛; j 为第 j 次观测. 假设精液效力 a_i 独立同分布于 $N(\mu, \sigma_a^2)$, 组内误差 ϵ_{ij} 独立同分布于 $N(0, \sigma^2)$, 并且 a_i 和 ϵ_{ij} 相互独立. 请使用 EM 算法根据样本 $(y_{ij}, i = 1, 2, \cdots, k, j = 1, 2, \cdots, n_i)$ 估计我们感兴趣的参数 $\theta = (\mu, \sigma_a^2, \sigma^2)$(提示: 将 $a_i, i = 1, 2, \cdots, k$ 视为缺失数据).

7.5 设 $Y_1, Y_2, \cdots, Y_n$ 是独立的随机变量, 分布为

$$Y_i \sim \mathcal{P}(\mu_i)$$

其中 $\mu_i = \sum_{j=1}^{d} p_{ij}\lambda_j$, 且对于每个 i, 向量 $(p_{i1}, p_{i2}, \cdots, p_{id})$ 为已知概率并且总和不超过 1. $\psi = (\lambda_1, \lambda_2, \cdots, \lambda_d)$ 是一个未知的非负强度向量. 描述用 EM 算法估计 ψ 的步骤.

第8章 MCMC 方法

在贝叶斯统计中, 通常希望得到一些后验量, 例如, 后验均值、后验方差等. 这些后验量的计算都可归结为关于后验分布的积分计算. 具体地, 这些后验量可写成某函数 $f(x)$ 关于 $\pi(x)$ 的期望 $E_\pi f(X)=\int_X f(x)\pi(x)\mathrm{d}x$, 这里随机变量 X 具有密度函数 $\pi(x)$. 如果密度函数为 $\pi(x)$ 的独立随机数 $X_1, X_2, \cdots, X_n$ 很容易产生, 可根据 $\widehat{E}_\pi f(X)=1/n\sum_{i=1}^{n} f(X_i)$ 直接估计 $E_\pi f(X)$. 在实际中, 后验分布 $\pi(x)$ 往往是复杂的、高维的、非标准形式的分布. 已有的随机抽样方法难以实施, 上述提到的估计方法就不再适用. 本章探讨新的估计方法估计 $E_\pi f(X)$.

Markov Chain Monte Carlo (MCMC) 就是在贝叶斯理论框架下发展起来的蒙特卡罗采样方法. MCMC 方法的基本思想是通过构建一个平稳分布为 $\pi(x)$ 的 Markov 链 $X^{(1)}, X^{(2)}, \cdots, X^{(n)}$, 在一定条件下可得

$$\widehat{E}_\pi f=\frac{1}{n}\sum_{i=1}^{n} f(X^{(i)}) \xrightarrow{P} E_\pi f=\int_X f(x)\pi(x)\mathrm{d}x \tag{8.0.1}$$

这里 $\xrightarrow{P}$ 表示依概率收敛.

8.1 MCMC 方法

8.1.1 Markov 链

根据式 (8.0.1), 需要构建合适的 Markov 链 $X^{(1)}, X^{(2)}, \cdots, X^{(n)}$, 本节主要介绍 Markov 链及其相关性质, 首先引出 Markov 链的如下定义.

定义 8.1.1 **(Markov 链)** 对随机变量序列 $\{X^{(0)}, X^{(1)}, X^{(2)}, \cdots\}$, 在任一时刻 $t\geqslant 0$, 序列中下一时刻 $t+1$ 的 $X^{(t+1)}$ 由条件分布 $P(x|X^{(t)})$ 产生, 它只依赖于时刻 t 的当前状态, 而与时刻 t 以前的历史状态 $\{X^{(0)}, X^{(1)}, \cdots, X^{(t-1)}\}$ 无关. 满足这样条件的随机变量序列称为 Markov 链.

Markov 链定义中的条件分布 $P(x|X^{(t)})$ 导出 Markov 链转移核的概念.

定义 8.1.2 **(Markov 链转移核)** 令 $\{X^{(t)}\}_{t\geqslant 0}$ 为 Markov 链, 在离散分布情况下, 一步转移概率定义为

$$p(x,x') \triangleq P(x \to x') = P(X^{(t+1)} = x' \mid X^{(t)} = x)$$

在连续分布情况下, 对任一可测集 $\mathcal{B}$, 一步转移概率定义为

$$P(x \to \mathcal{B}) = \int_{\mathcal{B}} p(x,x')\,\mathrm{d}x'$$

转移概率 $p(\cdot,\cdot)$ 称 Markov 链转移核. 通常假定 $p(\cdot,\cdot)$ 与 t 无关, 即基于该转移核的 Markov 链是时间齐次的.

下面给出平稳分布的定义.

定义 8.1.3 **(平稳分布)** 对 Markov 链转移核 $p(x,x')$, 如果分布 $\pi(x)$ 满足

$$\int p(x,x')\,\pi(x)\mathrm{d}x = \pi(x'), \quad \forall x' \in X$$

则称 $\pi(x)$ 为转移核 $p(\cdot,\cdot)$ 的平稳分布.

判别一个分布 $\pi(x)$ 是不是平稳分布, 一个常用方法是验证如下细致平稳条件.

定义 8.1.4 **(细致平稳条件)** 对 Markov 链 $\{X^{(t)}\}_{t\geqslant 0}$ 及其转移核 $p(\cdot,\cdot)$, 如果分布 $\pi(x)$ 满足

$$\pi(x)p(x,x') = \pi(x')p(x',x) \tag{8.1.1}$$

则称 $\pi(x)$ 满足细致平稳条件.

根据细致平稳条件, 如果分布 $\pi(x)$ 满足此条件, 可得

$$\int p(x,x')\,\pi(x)\mathrm{d}x = \int p(x',x)\,\pi(x')\,\mathrm{d}x = \pi(x')$$

因此由细致平稳条件成立可得 $\pi(x)$ 是 $p(\cdot,\cdot)$ 的平稳分布.

8.1.2 MCMC 方法

对于 Markov 链 $\{X^{(t)}\}_{t\geqslant 0}$, 记 $X^{(0)}$ 的分布为 $\mu^{(0)}(x) = P\left(X^{(0)} = x\right)$, 经过 t 步后 $X^{(t)}$ 的边际分布记为 $\mu^{t}(x) = P\left(X^{(t)} = x\right)$. 如果 Markov 链具有平稳分布 $\pi(x)$, 以及起始状态 $X^{(0)}$ 具有分布 $\pi(x)$, 根据平稳分布的定义, t 时刻 $X^{(t)}$ 的边际分布 $\mu^{t}(x)$ 也是 $\pi(x)$. 事实上, 让初始分布 $X^{(0)}$ 具有分布 $\pi(x)$ 通常做不到, 或者说如果初始分布 $X^{(0)}$ 具有分布 $\pi(x)$, 式 (8.0.1) 关于 $E_{\pi}(f)$ 的估计只需基于独立抽样构造. 根据 MCMC 方法, 如果转移核 $p(\cdot,\cdot)$ 的平稳分布为 $\pi(x)$, 从不同的初始状态 $X^{(0)}$ 出发, Markov 链经过一段时间的迭代后, 可以认为各个时刻的 $X^{(t)}$ 的边际分布都是平稳分布 $\pi(x)$, 此时称为 Markov 链收敛.

▶ **例 8.1.1** 根据转移核 $P\left(X^{(t+1)} \mid X^{(t)}\right) \sim N(0.5X^{(t)},1)$, 产生平稳分布是 $N(0,4/3)$ 的 Markov 链.

只要验证细致平稳条件 (见式 (8.1.1)) 即可. 注意到此时平稳分布为

$$\pi(x) = \frac{1}{\sqrt{\frac{4}{3}}\sqrt{2\pi}}\exp(-3x^2/8)$$

转移核为

$$p(x,x') = \frac{1}{\sqrt{2\pi}} \exp[-(x'-x/2)^2/2]$$

从而, 有

$$\begin{aligned}\pi(x)p(x,x') &= \frac{1}{\sqrt{\frac{4}{3}\cdot 2\pi}} \exp(-3x^2/8)\exp[-(x'-x/2)^2/2] \\ &= \frac{1}{\sqrt{\frac{4}{3}\cdot 2\pi}} \exp[-x^2/2-(x')^2/2+xx'/2] \\ &= \pi(x')p(x',x)\end{aligned}$$

其中最后一步注意到 x 和 x' 在式子中的对称性就可以得到.

R 程序如下:

```
set.seed(1)
x_tem=500 # Markov 链起始点
X=NULL
n=1000 # 链长
for (i in 1:n) {
x=rnorm(1, 0.5*x_tem,1) # 产生下一个点
X=c(X,x)
x_tem=x
}
Y=seq(1, n)
plot(Y,X,'l')
trim = 500
XX = X[trim:n] # 去掉未收敛的点
mean(XX)
var(XX)
```

MCMC 方法估计 $E_\pi f(X) = \int f(x)\pi(x)\mathrm{d}x$ 的步骤概括为如下三步:

(1) 选择转移核 $p(\cdot,\cdot)$, 使得其平稳分布是 $\pi(x)$.

(2) 从某一点 $X^{(0)}$ 出发, 用上述转移核 $p(\cdot,\cdot)$ 产生 Markov 链序列 $X^{(0)}, X^{(1)}, \cdots, X^{(n)}$.

(3) 对较大的 n, 选择合适的 m, $E_\pi f(X) = \int f(x)\pi(x)\mathrm{d}x$ 的估计为

$$\widehat{E}_\pi f = \frac{1}{n-m}\sum_{t=m+1}^{n} f(X^{(t)})$$

根据上述步骤, 构造的转移核 $p(\cdot,\cdot)$ 使得概率分布 $\pi(x)$ 为其平稳分布最为重要. 如何构造合适的转移核是 MCMC 方法主要研究的问题, 不同 MCMC 方法的主要区别就是转移核的构造方法不同. 当然 Markov 链的收敛性判断和链的长度, 也就是 m 和 n 大小的选择也是需要考虑的问题.

8.1.3 满条件分布

MCMC 方法中转移核 $p(x,x')$ 的构造大多建立在形如 $\pi(x_T \mid x_{-T})$ 的条件分布上, 其中 $x_T=\{x_i, i\in T\}$, $x_{-T}=\{x_i, i\notin T\}$, $T\subset I=\{1,2,\cdots,p\}$, p 是变量 x 的维度. 在条件分布 $\pi(x_T \mid x_{-T})$ 中, 所有的 p 个变量或者出现在条件中, 或者出现在变元中, 这种条件分布称为满条件分布.

对任意 $T\subset I$, 记 $x=(x_T,x_{-T})\in X$. 满条件分布 $\pi(x_T \mid x_{-T})$ 具有如下性质:

$$\pi\left(x_T \mid x_{-T}\right)=\frac{\pi(x)}{\displaystyle\int \pi(x)\mathrm{d}x_T}\propto \pi(x)$$

根据上式, 对任意 $x,x'\in X$ 且 $x_{-T}=x'_{-T}$, 则

$$\frac{\pi\left(x'_T \mid x'_{-T}\right)}{\pi\left(x_T \mid x_{-T}\right)}=\frac{\pi\left(x'\right)}{\pi(x)}$$

一般情况下 $x=(y,z,\theta)$, 这里 y 表示观测数据, z 表示缺失参数, θ 表示参数. 令 $p(y,z|\theta)$ 表示完全数据的密度函数, $\pi(\theta)$ 表示 θ 的先验分布, 注意到 $\pi(x)=p(y,z|\theta)\pi(\theta)$, 则 x 的满条件分布如下:

$$\begin{aligned}
&\pi(z_i|z_{-i},y,\theta)\propto p(y,z|\theta)\\
&\pi(\theta_i|\theta_{-i},y,z)\propto \pi(x)\propto p(y,z|\theta)\pi(\theta_i|\theta_{-i})\\
&\pi(y_i|y_{-i},z,\theta)\propto p(y,z|\theta)
\end{aligned}$$

其中, $\theta_{-i}=\{\theta_j:j\neq i\}$, $z_{-i}=\{z_j:j\neq i\}$, $y_{-i}=\{y_j:j\neq i\}$.

▶ **例 8.1.2** 设 $x=(x_1,x_2)$ 的密度函数为

$$\pi\left(x_1,x_2\right)\propto \exp\left[-\frac{1}{2}\left(x_1-1\right)^2\left(x_2-1\right)^2\right]$$

则满条件分布为

$$\pi\left(x_1 \mid x_2\right)\propto \pi\left(x_1,x_2\right)\propto \exp\left[-\frac{1}{2}\left(x_1-1\right)^2\left(x_2-1\right)^2\right]=N(1,(x_2-1)^{-2})$$

以及

$$\pi\left(x_2 \mid x_1\right)\propto \pi\left(x_1,x_2\right)\propto \exp\left[-\frac{1}{2}\left(x_2-1\right)^2\left(x_1-1\right)^2\right]=N(1,(x_1-1)^{-2})$$

▶ **例 8.1.3** 设 $y_1,y_2,\cdots,y_n$ 独立同分布, 来自正态分布总体 $N(\mu,\tau^{-1})$. 参数 μ,τ^{-1} 的先验分布分别为正态分布 $\mu\sim N(0,1)$, 伽马分布 $\tau\sim \mathrm{Ga}(2,1)$, 且 μ 与 τ 独立.

记 $y=(y_1,y_2,\cdots,y_n)$, 则 (y,μ,τ) 的联合密度函数为

$$p(y,\mu,\tau)=(2\pi)^{-\frac{n+1}{2}}\tau^{\frac{n}{2}+1}\exp\left[-\frac{\tau}{2}\sum_{i=1}^{n}(y_i-\mu)^2-\frac{\mu^2}{2}-\tau\right]$$

参数的后验分布为

$$\pi(\mu,\tau \mid y)=\frac{p(y,\mu,\tau)}{\displaystyle\int p(y,\mu,\tau)\mathrm{d}\mu\mathrm{d}\tau}\propto p(y,\mu,\tau)$$

满条件分布 $\pi(\mu \mid \tau, y)$, $\pi(\tau \mid \mu, y)$ 分别为

$$
\begin{aligned}
\pi(\mu \mid \tau, y) &\propto \exp\left[-\frac{\tau}{2}\sum_{i=1}^{n}(y_i-\mu)^2-\frac{\mu^2}{2}\right] \\
&\propto \exp\left[-\frac{\tau}{2}n\mu^2-\frac{\mu^2}{2}+\tau\mu\sum_{i=1}^{n}y_i\right] \\
&\propto \exp\left[-\frac{1}{2}(1+n\tau)\left(\mu-\frac{\tau\sum_{i=1}^{n}y_i}{1+n\tau}\right)^2\right]
\end{aligned}
$$

和

$$
\begin{aligned}
\pi(\tau \mid \mu, y) &\propto \tau^{\frac{n}{2}+1}\exp\left[-\frac{\tau}{2}\sum_{i=1}^{n}(y_i-\mu)^2-\tau\right] \\
&= \tau^{\frac{n}{2}+1}\exp\left\{-\tau\left[1+\frac{1}{2}\sum_{i=1}^{n}(y_i-\mu)^2\right]\right\}
\end{aligned}
$$

根据上述推导可得 $\pi(\mu \mid \tau, y)$ 和 $\pi(\tau \mid \mu, y)$ 分布分别为正态分布 $N((\tau\sum y_i)/(1+n\tau),(1+n\tau)^{-1})$ 和伽马分布 $\mathrm{Ga}(2+n/2, 1+1/2\sum_{i=1}^{n}(y_i-\mu)^2)$.

下例说明满条件分布并不都能表示为显示形式.

▶ **例 8.1.4** 样本 $y_i(i=1,2,\cdots,n)$ 独立且 $y_i \sim b(1,p_i)$, 其中 $p_i=\{1+\exp[-(\alpha+\beta x_i)]\}^{-1}$. 参数 α,β 的先验分布分别为 $\alpha \sim N(0,1)$, $\beta \sim N(0,1)$, 且 α,β 独立. 记 $y=\{y_1,y_2,\cdots,y_n\}$, 则 (y,α,β) 的先验分布为

$$
\begin{aligned}
&\pi(y,\alpha,\beta) \\
&\propto \exp\left(-\frac{1}{2}\beta^2-\frac{1}{2}\alpha^2\right)\prod_{i=1}^{n}([1+\exp(\alpha+\beta x_i)]^{y_i-1}\{1+\exp[-(\alpha+\beta x_i)]\}^{-y_i})
\end{aligned}
$$

则满条件分布 $\pi(\beta \mid \alpha, y)$ 和 $\pi(\alpha \mid \beta, y)$ 分别为

$$
\begin{aligned}
&\pi(\beta \mid \alpha, Y) \\
&\propto \exp\left(-\frac{1}{2}\beta^2\right)\prod_{i=1}^{n}([1+\exp(\alpha+\beta x_i)]^{y_i-1}\{1+\exp[-(\alpha+\beta x_i)]\}^{-y_i}) \\
&\pi(\alpha \mid \beta, y) \\
&\propto \exp\left(-\frac{1}{2}\alpha^2\right)\prod_{i=1}^{n}([1+\exp(\alpha+\beta x_i)]^{y_i-1}\{1+\exp[-(\alpha+\beta x_i)]\}^{-y_i})
\end{aligned}
$$

接下来两节介绍 MCMC 方法中应用最广泛的两种方法: Metropolis-Hastings (MH) 方法和 Gibbs 抽样.

8.2 Metropolis-Hastings 方法

Metropolis-Hastings 方法转移核的构造如下:

$$p(x,x') = q(x,x')\alpha(x,x') \tag{8.2.1}$$

潜在的转移核 $q(x,x')$ 作为 x' 的函数是一个概率密度或概率分布, 称为建议分布. 建议分布可以取各种形式, 常把它取为易于产生随机数的分布. Metropolis-Hastings 方法的具体实施方法为, 如果链在时刻 t 处于状态 x, 即 $X^{(t)}=x$. 首先由 $q(x,\cdot)$ 产生一个潜在的转移 $x\to x'$, 然后根据概率 $\alpha(x,x')$ 决定是否转移. 也就是说, 在潜在转移点 x' 找到后, 以概率 $\alpha(x,x')$ 接受 x' 作为链在下一时刻 $t+1$ 的状态值, 而以概率 $1-\alpha(x,x')$ 拒绝转移到 x', 从而链在下一时刻 $t+1$ 仍处于状态 x. $\alpha(x,x'), 0<\alpha(x,x')\leqslant 1$ 称为接受概率. 实际计算中, 产生区间 $[0,1]$ 上均匀分布的随机数 u, 令

$$X^{(t+1)} = \begin{cases} x', & u\leqslant \alpha(x,x') \\ x, & u>\alpha(x,x') \end{cases}$$

选择式 (8.2.1) 中转移核 $p(x,x')$ 使分布 $\pi(x)$ 成为平稳分布. 因此, 选择 $q(\cdot,\cdot)$ 后, 应选择合适的 $\alpha(\cdot,\cdot)$ 使相应的 $p(x,x')$ 以 $\pi(x)$ 为其平稳分布. 最常用的选择是

$$\alpha(x,x') = \min\left(1, \frac{\pi(x')q(x',x)}{\pi(x)q(x,x')}\right)$$

此时, $p(x,x')$ 为

$$p(x,x') = \begin{cases} q(x,x'), & \pi(x')q(x',x)\geqslant \pi(x)q(x,x') \\ q(x',x)\dfrac{\pi(x')}{\pi(x)}, & \pi(x')q(x',x)<\pi(x)q(x,x') \end{cases} \tag{8.2.2}$$

定理 8.2.1 由式 (8.2.2) 产生的 Markov 链满足细致平稳条件, 即

$$\pi(x)p(x,x') = \pi(x')p(x',x)$$

从而 $\pi(x)$ 是由式 (8.2.2) 确定的 Markov 链的平稳分布.

若 $x=x'$, 则上式显然成立. 设 $x\neq x'$, 则

$$\begin{aligned}\pi(x)p(x,x') &= \pi(x)q(x,x')\min\left(1, \frac{\pi(x')q(x',x)}{\pi(x)q(x,x')}\right) \\ &= \min(\pi(x)q(x,x'), \pi(x')q(x',x)) \\ &= \pi(x')q(x',x)\min\left(\frac{\pi(x)q(x,x')}{\pi(x')q(x',x)}, 1\right) \\ &= \pi(x')p(x',x)\end{aligned}$$

故 $\pi(x)$ 是由式 (8.2.2) 转移核确定的 Markov 链的平稳分布. 根据上式, 易有

$$\int \pi(x)p\left(x,x'\right)\mathrm{d}x = \int \pi\left(x'\right)p\left(x',x\right)\mathrm{d}x = \pi\left(x'\right)\int p\left(x',x\right)\mathrm{d}x = \pi\left(x'\right)$$

由定理 8.2.1 可知, 建议分布 $q(x,x')$ 可以取各种形式, 接下来介绍几种常用的建议分布.

8.2.1 Metropolis 选择

Metropolis 建议分布 $q(x,x')$ 为对称分布, 即

$$q(x,x') = q(x',x), \quad \forall x,x'$$

此时, $\alpha(x,x')$ 简化为

$$\alpha\left(x,x'\right) = \min\left(1, \frac{\pi\left(x'\right)q\left(x',x\right)}{\pi(x)q\left(x,x'\right)}\right) = \min\left(1, \frac{\pi\left(x'\right)}{\pi(x)}\right)$$

常用的对称分布包括形式为 $q(x,x') = q(|x-x'|)$ 的分布, 此分布称为随机移动 Metropolis 算法, 具体例子为 $q\left(x,x'\right) \propto \exp[-\left(x'-x\right)^2/2]$. 给定 x, $q(x,x')$ 为常数方差的正态分布也是对称分布.

▶ **例 8.2.1** 生成一个 Markov 链, 使得其平稳分布为柯西分布:

$$f(x) = \frac{1}{\pi}\frac{1}{1+x^2}$$

选定的建议分布 $q(x,x')$ 是 $N(x,b^2)$, 其中 b 为任意常数, 如 $0.1, 1, 10$. 此时

$$\alpha\left(x,x'\right) = \min\left(1, \frac{\pi\left(x'\right)}{\pi(x)}\right) = \min\left(1, \frac{1+x^2}{1+\left(x'\right)^2}\right)$$

R 程序如下:

```
set.seed(1)
b = 1 # 常数b
n_mc = 10000
alpha = function(x, y) min((1+x^2)/(1+y^2),1) # 接受概率
sample = rep(NA, n_mc)
sample[1] = rnorm(1)
u = runif(n_mc) # 提前产生均匀随机变量
for(in_mc in 2:n_mc) {
y = rnorm(1, sample[in_mc - 1], b) # 建议分布
p = (u[in_mc] < alpha(sample[in_mc - 1], y)) # 是否舍取
sample[in_mc] = (y*p + sample[in_mc - 1]*(1-p))
# 转移至下一个点
}
plot(1:n_mc, sample, 'l')
```

8.2.2 独立抽样

如果 $q(x,x')$ 与当前状态 x 无关, 即 $q(x,x')=q(x')$, 则由此建议分布导出的 Metropolis-Hastings 算法称为独立抽样. 此处, $\alpha(x,x')$ 为

$$\alpha(x,x')=\min\left(1,\frac{\pi(x')/q(x')}{\pi(x)/q(x)}\right)$$

如果 $q(x)$ 接近 $\pi(x)$, 基于独立抽样获取的 Markov 链的收敛效果更好.

▶ **例 8.2.2** 给定数据 $Y_1,Y_2,\ldots,Y_n\overset{iid}{\sim}N(\theta,1)$, 先验分布 $\pi(\theta)=\dfrac{1}{\pi}\dfrac{1}{1+\theta^2}$. 此时的后验分布为

$$\begin{aligned}\pi(\theta\mid Y_1,Y_2,\ldots,Y_n)&\propto p(Y_1,Y_2,\ldots,Y_n\mid\theta)\pi(\theta)\\&\propto\exp[-n(\theta-\overline{y})^2/2]\times\frac{1}{1+\theta^2}\end{aligned}$$

假设已有数据 $n=40,\overline{y}=0.14$, 此时, 使用 x 和 x' 的记号, θ 的后验分布为

$$\pi(x)\propto\exp[-40(x-0.14)^2/2]\times\frac{1}{1+x^2}$$

求后验期望 $E(x)$. 选定的建议分布 $q(x,x')=q(x')=\dfrac{1}{\pi}\dfrac{1}{1+(x')^2}$. 此时:

$$\begin{aligned}\alpha(x,x')&=\min\left(1,\frac{\pi(x')q(x)}{\pi(x)q(x')}\right)\\&=\min\left\{1,\frac{\exp[-40(x'-0.14)^2/2]}{\exp[-40(x-0.14)^2/2]}\right\}\end{aligned}$$

使用数值积分的方法, $E(x)=0.133\,8$.

R 程序如下:

```
# 数值积分
set.seed(1)
f = function(theta) {
  exp(-40 * (theta - 0.14) ^ 2 / 2) / (1 + theta ^ 2)
}
g = function(theta)
  theta * f(theta)
a = integrate(f,-Inf, Inf)$value # 归一化常数
expectaion_theta = integrate(g,-Inf, Inf)$value / a # 期望
# 蒙特卡罗
set.seed(1)
b = 1
n_mc = 40000 # 链长
warmup = 30000 # 舍去
alpha =
  function(x, y)
    min(exp(-40 * (y - 0.14) ^ 2 / 2)
```

```
        / exp(-40 * (x - 0.14) ^ 2 / 2), 1) # 接受概率
sample = rep(NA, n_mc)
sample[1] = rcauchy(1)
u = runif(n_mc)
for (in_mc in 2:n_mc) {
  y = rcauchy(1) # 建议分布
  p = (u[in_mc] < alpha(sample[in_mc - 1], y)) # 是否舍取
  sample[in_mc] =
  (y * p + sample[in_mc - 1] * (1 - p)) # 转移至下一个点
}
plot(1:n_mc, sample, 'l')
x = sample[warmup:n_mc] # 对收敛的链求平均
mean(x)
```

8.2.3 单元素 Metropolis-Hastings 算法

在 X 是 p 维的情况, 同时产生整个 X 有时是困难的, 将 X 根据其分量逐个进行抽样则简单得多, 这就要用到条件分布, 特别是 8.1.3 小节中的满条件分布性质. 单元素 Metropolis-Hastings 算法的想法是, 对于 p 维变量 X, 基于 $p-1$ 维变量 X_{-i} 的条件分布 $X_i \mid X_{-i}$ $(i=1,\cdots,p)$, 选择转移核 $q_i\left(x_i \rightarrow x_i' \mid X_{-i}=x_{-i}\right)$. 由转移核 $q_i\left(x_i \rightarrow x_i' \mid X_{-i}=x_{-i}\right)$ 产生可能的 x_i', 以概率

$$\alpha_i\left(x_i \rightarrow x_i' \mid x_{-i}\right)=\min \left(1, \frac{\pi\left(x'\right) q_i\left(x_i' \rightarrow x_i \mid x_{-i}\right)}{\pi(x) q_i\left(x_i \rightarrow x_i' \mid x_{-i}\right)}\right)$$

决定是否接受 x_i' 作为链的下一状态.

单元素 Metropolis-Hastings 算法的具体步骤为, 基于第 $t-1$ 时刻的状态 $x^{(t-1)}=(x_1^{(t-1)}, x_2^{(t-1)},\cdots,x_p^{(t-1)})$, 产生第 t 时刻的状态 $x^{(t)}=(x_1^{(t)},x_2^{(t)},\cdots,x_p^{(t)})$. 具体来说, 对于分量 $x_i^{(t)}(i=1,2,\cdots,p)$, 由转移核 $q_i(x_i \rightarrow x_i' \mid x_1^{(t-1)},x_2^{(t-1)},\cdots,x_{i-1}^{(t-1)}, x_{i+1}^{(t-1)},\cdots,x_p^{(t-1)})$ 产生 x_i', 以 $\alpha_i(x_i \rightarrow x_i' \mid x_1^{(t-1)},x_2^{(t-t)},\cdots,x_{i-1}^{(t-1)},x_{i+1}^{(t-1)},\cdots x_p^{(t-1)})$ 概率接受 x_i', 即 $x_i^{(t)}=\overline{x}_i'$, 否则 $x_i^{(t)}=\overline{x}_i$.

8.3 Gibbs 抽样

Gibbs 抽样是由 Geman 等人最初提出来的, 是最简单、应用最广泛的 MCMC 方法. Gibbs 抽样是一种单元素 Metropolis-Hastings 算法的特殊情况, 单元素 Metropolis-Hastings 算法中取 $q_i(x_i \rightarrow x_i' \mid x_{-i})$ 为 $\pi\left(x_i|x_{-i}\right)$. 此时, 不难验证

$$\begin{aligned}
\alpha_i(x_i \rightarrow x_i' \mid x_{-i}) &= \min \left(1, \frac{\pi\left(x'\right) \pi\left(x_i \mid x_{-i}\right)}{\pi(x) \pi\left(x_i' \mid x_{-i}\right)}\right) \\
&= \min \left(1, \frac{\pi(x_{-i}) \pi\left(x_i' \mid x_{-i}\right) \pi\left(x_i \mid x_{-i}\right)}{\pi\left(x_{-i}\right) \pi(x_i \mid x_{-i}) \pi\left(x_i' \mid x_{-i}\right)}\right)=1
\end{aligned}$$

这里 $\pi(x_{-i})$ 是 x_{-i} 的密度函数.

下面说明转移核 $\pi(x_i|x_{-i})$ 得到的 Markov 链满足细致平稳条件. 设向量 $X=(X_1, X_2, \cdots, X_p)$ 的密度函数为 $\pi(x)$, 固定 $i(i=1,2,\cdots,p)$, 在给定 $X_{-i}=x_{-i}$ 条件下, 定义随机变量 $X'=\left(X_1', X_2', \cdots, X_p'\right)$, $X_{-i}'=X_{-i}$ 且 X_i' 具有密度函数 $\pi\left(x_i' \mid x_{-i}\right)$, 则对任意可测集 B, 有

$$
\begin{aligned}
P\left(X' \in B\right) &= \int_B \pi\left(x_{-i}'\right) \pi\left(x_i' \mid x_{-i}'\right) \mathrm{d} x' \\
&= \int_B \pi\left(x'\right) \mathrm{d} x' = \pi(B)
\end{aligned}
$$

因此由转移核 $\pi(x_i|x_{-i})$ 得到的 Markov 链满足细致平稳条件, 根据此核构造的 Markov 链的平稳分布是 $\pi(x)$. 具体的实施步骤如下: 基于初始状态 $x^{(0)}=(x_1^{(0)}, x_2^{(0)}, \cdots, x_p^{(0)})$, 假定第 $t-1$ 时刻状态为 $x^{(t-1)}=(x_1^{(t-1)}, x_2^{(t-1)}, \cdots, x_p^{(t-1)})$, 则第 t 时刻状态 $x_1^{(t)}, x_2^{(t)}, \cdots, x_p^{(t)}$ 构造分别为:

(1) 基于条件分布 $\pi(x_1 \mid x_2^{(t-1)}, \cdots, x_p^{(t-1)})$ 产生 $x_1^{(t)}$;

(2) 基于条件分布 $\pi(x_i \mid x_1^{(t)}, \cdots, x_{i-1}^{(t)}, x_{i+1}^{(t-1)}, \cdots, x_p^{(t-1)})$ 产生 $x_i^{(t)}$;

(p) 基于条件分布 $\pi(x_p \mid x_1^{(t)}, \cdots, x_{p-1}^{(t)})$ 产生 $x_p^{(t)}$.

由 Gibbs 抽样得到 Markov 链收敛性的判断通常采取两种办法: 第一种方法是从不同的初始状态出发, 同时产生多个 Markov 链, 把每条链的变化画成散点图, 观察链何时与初始状态基本无关, 此时可认为链收敛; 第二种方法是对 Markov 链每隔一段取一个样本, 得到一个样本子列, 计算每段子列的样本均值. 如果均值变化不大, 可认为 Markov 链收敛.

▶ **例 8.3.1** 对多项分布

$$
P\left(X_1=m_1, X_2=m_2, \cdots, X_n=m_n\right)=\frac{N!}{m_1! m_2! \cdots m_n!} p_1^{m_1} p_2^{m_2} \cdots p_n^{m_n}
$$

其中, $N=\sum_{i=1}^n m_i$. 某实验服从上述多项分布, $N=22$, $n=7$, 7 个结果出现的概率分别为

$$
p:=(p_1, p_2, \cdots, p_7)=\left(\frac{\theta}{4}, \frac{1}{8}, \frac{\theta}{4}, \frac{\eta}{4}, \frac{\eta}{4}, \frac{3}{8}, \frac{1}{2}(1-\theta-\eta)\right)
$$

现有观测数据为 $y=(y_1, y_2, y_3, y_4, y_5)=(14,1,1,1,5)$, 缺失数据为 $z=(z_1, z_2)$, 且

$$
(z_1, y_1-z_1, y_2, y_3, z_2, y_4-z_2, y_5) \sim M(22; p)
$$

其中, M 表示多项分布. 取平坦分布作为 (θ, η) 的先验分布, 即 $\pi(\theta, \eta) \propto 1$. (y, z, θ, η) 的联合分布为

$$
\pi(y, z, \theta, \eta) \propto\left(\frac{\theta}{4}\right)^{z_1+y_2}\left(\frac{1}{8}\right)^{y_1-z_1}\left(\frac{\eta}{4}\right)^{z_2+y_3}\left(\frac{3}{8}\right)^{y_4-z_2}\left(\frac{1-\theta-\eta}{2}\right)^{y_5} \tag{8.3.1}
$$

参数 θ, η 的后验分布为

$$
\pi(\theta, \eta \mid y, z) \propto \theta^{z_1+y_2} \eta^{y_3+z_2}(1-\theta-\eta)^{y_5}
$$

根据式 (8.3.1), 可得如下满条件分布

$$\begin{aligned}
&\pi(\theta \mid y, z, \eta) \\
&\propto \theta^{z_1+y_2}[(1-\eta)-\theta]^{y_5} = (1-\eta)^{z_1+y_2+y_5}\left(\frac{\theta}{1-\eta}\right)^{z_1+y_2}\left(1-\frac{\theta}{1-\eta}\right)^{y_5} \\
&\propto \left(\frac{\theta}{1-\eta}\right)^{z_1+y_2}\left(1-\frac{\theta}{1-\eta}\right)^{y_5} \sim (1-\eta)\text{Beta}\left(z_1+y_2+1, y_5+1\right)
\end{aligned}$$

类似地, 可得

$$\pi(\eta \mid y, z, \theta) \quad \propto \eta^{y_3+z_2}(1-\theta-\eta)^{y_5} \sim (1-\theta)\text{Beta}\left(y_3+z_2+1, y_5+1\right)$$

$$\begin{aligned}
\pi\left(z_1 \mid y, \theta, \eta\right) &\propto \left(\frac{\theta}{4}\right)^{z_1+y_2}\left(\frac{1}{8}\right)^{y_1-z_1} \propto \left(\frac{2\theta}{8}\right)^{z_1}\left(\frac{1}{8}\right)^{y_1-z_1} \\
&\propto \left(\frac{2\theta}{2\theta+1}\right)^{z_1}\left(\frac{1}{2\theta+1}\right)^{y_1-z_1} \sim \text{Bino}\left(y_1, \frac{2\theta}{2\theta+1}\right) \\
\pi\left(z_2 \mid y, \theta, \eta\right) &\propto \left(\frac{\eta}{4}\right)^{z_2+y_3}\left(\frac{3}{8}\right)^{y_4-z_2} \propto \left(\frac{2\eta}{8}\right)^{z_2}\left(\frac{3}{8}\right)^{y_4-z_2} \\
&\propto \left(\frac{2\eta}{2\eta+3}\right)^{z_2}\left(\frac{3}{2\eta+3}\right)^{y_4-z_2} \sim \text{Bino}\left(y_4, \frac{2\eta}{2\eta+3}\right)
\end{aligned}$$

上式给出了 $\pi\left(x_i|x_{-i}\right)$ 的表达式, 由此可进行 Gibbs 抽样. 给定观测数据, 得到平稳分布是 $\pi(\theta, \eta, z_{1,2}\,|y)$ 的 Markov 链. 对 Markov 链采用遍历均值来判断收敛性, 也就是在链中每隔 10 个数据取一个样本, 每 20 个样本计算一次均值, 在经过 5 000 次这样的计算后 Gibbs 抽样得到的 Markov 链已经收敛. 基于收敛的 Markov 链可得到下列分布特征的估计: $E(\eta \mid y, 2\theta)=0.123$, $E(\theta \mid y, 2, \eta)=0.520$, $\text{Var}(\eta \mid y)=0.0065$, $\text{Var}(\theta \mid y)=0.018$.

R 程序如下:

```
set.seed(1)
y = c(14, rep(1, 3), 5) # 数据
thinning = 10
n_mc = 5000 * thinning # 链长
# 各参数初始点
theta = rep(NA, n_mc)
eta = rep(NA, n_mc)
z1 = rep(NA, n_mc)
z2 = rep(NA, n_mc)
theta[1] = runif(1)
eta[1] = runif(1)
z1[1] = rbinom(1, y[1], 2 * theta[1] / (2 * theta[1] + 1))
z2[1] = rbinom(1, y[4], 2 * eta[1] / (2 * eta[1] + 3))
for (in_mc in 2:n_mc) {
theta[in_mc] =
rbeta(1, z1[in_mc - 1] + y[2] + 1, y[5] + 1) *
(1 - eta[in_mc - 1]) # 更新theta
eta[in_mc] =
```

```
rbeta(1, y[3] + z2[in_mc - 1] + 1, y[5] + 1) *
(1 - theta[in_mc]) # 更新eta
z1[in_mc] = rbinom(1, y[1], 2 * theta[in_mc] /
(2 * theta[in_mc] + 1)) # 更新z1
z2[in_mc] = rbinom(1, y[4], 2 * eta[in_mc] /
(2 * eta[in_mc] + 3)) # 更新z2
}
idx = !as.logical((1:n_mc) %% thinning) # 每10点取子链
sample_theta = theta[idx]
sample_eta = eta[idx]
sample_theta = matrix(sample_theta, nrow = 20)
sample_eta = matrix(sample_eta, nrow = 20)
means_eta = colMeans(sample_eta)
means_theta = colMeans(sample_theta)
mean(sample_eta)
mean(sample_theta)
var(as.vector(sample_eta))
var(as.vector(sample_theta))
```

习题

8.1　设 $X^{(1)}, X^{(2)}, \cdots$ 为一个 Markov 链, 转移核为 $P\left(X^{(t-1)}|X^{(t)}\right) \sim N\left(kX^{(t)}, 1\right)$. 证明当 $0 \leqslant k < 1$ 时, 该 Markov 链收敛, 并求其平稳分布.

8.2　设 $X_1, X_2, \cdots, X_n$ 是来自泊松分布 Possion(λ) 的一个独立样本, λ 的先验分布为 Gamma$(2,1)$, 求满条件分布 $\pi(\lambda|X_1, X_2, \cdots, X_n)$.

8.3　已知目标分布 $\pi(x)$ 为贝塔分布 Beta$(6, 2.1)$, 取潜在的转移核为均匀分布 $U(0,1)$, 利用 Metropolis-Hastings 方法抽取容量为 8 000 的 Markov 链样本并检查其收敛性. 若收敛, 取收敛的子链计算样本均值, 判断其是否接近总体均值.

8.4　设 $X_1, X_2, \cdots, X_n$ 是来自指数分布 Exp(λ) 的独立样本, λ 的先验分布为 Gamma$(2,1)$, 给定 $n = 100, \bar{X} = n^{-1}\sum\limits_{i=1}^{n} X_i = 1.4$. 寻找合适的转移核, 用 Metropolis-Hastings 方法抽取容量为 8 000 的 Markov 链样本 $\lambda_i (i = 1, 2, \cdots, 8\ 000)$, 并检查其收敛性.

8.5　设 $X_1, X_2, \cdots, X_n$ 是来自总体 $N\left(\mu, \tau^{-1}\right)$ 的独立样本, μ 的先验分布为 $N(a,b)$, τ 的先验分布为 Gamma(c,d), 利用 Gibbs 抽样抽取容量为 8 000 的 Markov 链样本, 判断其是否收敛至真实的 μ 和 τ (其中取 $n = 100, \mu = 0, \tau = 1$, 初始值为 $a_0 = 0, b_0 = 1, c_0 = 2, d_0 = 1$).

参考文献

[1] 方开泰. 实用多元统计分析. 上海: 华东师范大学出版社, 1989.

[2] 高惠璇. 统计计算. 北京: 北京大学出版社, 1995.

[3] 贾俊平. 统计学. 7 版. 北京: 中国人民大学出版社, 2018.

[4] 李东风. 统计计算. 北京: 高等教育出版社, 2017.

[5] 罗斯. 统计模拟: 第 4 版. 王兆军, 译. 北京: 人民邮电出版社, 2007.

[6] 茆诗松, 王静龙, 濮晓龙. 高等数理统计. 2 版. 北京: 高等教育出版社, 2006.

[7] 杨振海, 程维虎. 统计模拟. 数理统计与管理, 2006(1): 117–126.

[8] 王星, 褚挺进. 非参数统计. 2 版. 北京: 清华大学出版社, 2014.

[9] Dempster, A. P., Laird, N. M., Rubin, D. B. Maximum Likelihood from Incomplete Data via the EM Algorithm. Journal of the Royal Statistical Society: Series B (Methodological), 1977, 39 (1): 1–22.

[10] Efron, B. Bootstrap Methods: Another Look at the Jackknife. The Annals of Statistics, 1979 (7): 1–26.

[11] Gelman, A. Bayesian Data Analysis, Chapman & Hall/CRC Texts in Statistical Science. Third edition ed.. Boca Raton: CRC Press, 2014.

[12] Gelman, A., Gilks, W. R., Roberts, G. O. Weak Convergence and Optimal Scaling of Random Walk Metropolis Algorithms. The Annals of Applied Probability, 1997, 7 (1): 110–120.

[13] Geman, S., Geman, D., Stochastic Relaxation, Gibbs Distributions, and the Bayesian Restoration of Images. IEEE Transactions on Pattern Analysis and Machine Intelligence, 1984 (6), 721–741.

[14] Gilks, W. R., Best, N. G., Tan, K. K. C. Adaptive Rejection Metropolis Sampling within Gibbs Sampling. Applied Statistics, 1995, 44 (4): 455–472.

[15] Gilks, W. R., Richardson, S., Spiegelhalter, D. J. Markov Chain Monte Carlo in Practice. Boca Raton, Fla: Chapman & Hall, 1998.

[16] Gilks, W. R., Wild, P. Adaptive Rejection Sampling for Gibbs Sampling. Applied Statistics, 1992, 41 (2): 337–348.

[17] Gubernatis, J. E. Marshall Rosenbluth and the Metropolis Algorithm. Physics of Plasmas, 2005, 12 (5): 057303.

[18] Hastings, W. K. Monte Carlo Sampling Methods Using Markov Chains and Their Applications. Biometrika, 1970, 57 (1): 97–109.

[19] Levene, H., Wolfowitz, J. The Covariance Matrix of Runs Up and Down. The Annals of Mathematical Statistics, 1944, 15 (1): 58–69.

[20] Metropolis, N., Rosenbluth, A. W., Rosenbluth, M. N., Teller, A. H., Teller, E. Equation of State Calculations by Fast Computing Machines. The Journal of Chemical Physics, 1953, 21 (6): 1087–1092.

[21] Minh, D. D. L., Minh, D. L. Understanding the Hastings Algorithm. Communications in Statistics-Simulation and Computation, 2015, 44 (2): 332–349.

[22] Newman, M. E. J., Barkema, G. T. Monte Carlo Methods in Statistical Physics. Oxford: New York: Clarendon Press, 1999.

[23] Quenouille, M. H. Problems in Plane Sampling. Annals of Mathematical Statistics, 1949, 20 (3): 355–375.

[24] Quenouille, M. H. Notes on Bias in Estimation. Biometrika, 1956, 43 (3/4): 353–360.

[25] Tukey, J. W. Bias and Confidence in not Quite Large Samples. Annals of Mathematical Statistics, 1958, 29: 614.

[26] Raftery, A., Lewis, S. How Many Iterations in the Gibbs Sampler? Tech. rep., Defense Technical Information Center, Fort Belvoir, VA, 1991.

[27] Robert, C. P., Casella, G. Monte Carlo Statistical Methods, Springer Texts in Statistics. Second Edition. New York: Springer, 2004.

[28] Rosenbluth, M. N. Genesis of the Monte Carlo Algorithm for Statistical Mechanics. in AIP Conference Proceedings, vol. 690, 22–30. Los Alamos, New Mexico (USA): AIP, 2003.

[29] Wasserman, L. All of Statistics: A Concise Course in Statistical Inference. Springer Texts in Statistics (Corrected second printing, 2005 ed.), New York, NY: Springer, 2010.

图书在版编目（CIP）数据

数据科学统计计算／许王莉，朱利平编著. -- 北京：中国人民大学出版社，2022. 2
（数据科学与大数据技术丛书）
ISBN 978-7-300-30238-6

Ⅰ. ①数… Ⅱ. ①许… ②朱… Ⅲ. ①统计 Ⅳ. ①C8

中国版本图书馆 CIP 数据核字（2022）第 018076 号

数据科学与大数据技术丛书
数据科学统计计算
许王莉　朱利平　编著
Shuju Kexue Tongji Jisuan

出版发行	中国人民大学出版社		
社　址	北京中关村大街 31 号	邮政编码	100080
电　话	010－62511242（总编室）		010－62511770（质管部）
	010－82501766（邮购部）		010－62514148（门市部）
	010－62511173（发行公司）		010－62515275（盗版举报）
网　址	http://www. crup. com. cn		
经　销	新华书店		
印　刷	北京七色印务有限公司		
开　本	787 mm×1092 mm　1/16	版　次	2022 年 2 月第 1 版
印　张	9 插页 1	印　次	2025 年 6 月第 4 次印刷
字　数	214 000	定　价	39.00 元

中国人民大学出版社　理工出版分社

教师教学服务说明

中国人民大学出版社理工出版分社以出版经典、高品质的统计学、数学、心理学、物理学、化学、计算机、电子信息、人工智能、环境科学与工程、生物工程、智能制造等领域的各层次教材为宗旨。

为了更好地为一线教师服务，理工出版分社着力建设了一批数字化、立体化的网络教学资源。教师可以通过以下方式获得免费下载教学资源的权限：

- 在中国人民大学出版社网站 www.crup.com.cn 进行注册，注册后进入“会员中心”，在左侧点击“我的教师认证”，填写相关信息，提交后等待审核。我们将在一个工作日内为您开通相关资源的下载权限。

- 如您急需教学资源或需要其他帮助，请加入教师 QQ 群或在工作时间与我们联络。

中国人民大学出版社　理工出版分社

教师 QQ 群： 229223561(统计2组) 982483700(数据科学) 361267775(统计1组)
教师群仅限教师加入，入群请备注（学校+姓名）

联系电话： 010-62511967，62511076

电子邮箱： lgcbfs@crup.com.cn

通讯地址： 北京市海淀区中关村大街 31 号中国人民大学出版社 507 室（100080）